秒で探せる・戻せる
実践！ オフィスの片づけ

職場整理収納アドバイザー 家村かおり・著

同文館出版

\ 働きやすさがアップする！ /

オフィスの片づけ

引き出し付き個人デスク

毎日使うモノは、出しっぱなしで常に作業に備えてスタンバイ！
形跡（けいせき）管理で常に片づいた状態が維持できる。
あまり使わないモノは共有スペースへ。

デスク上

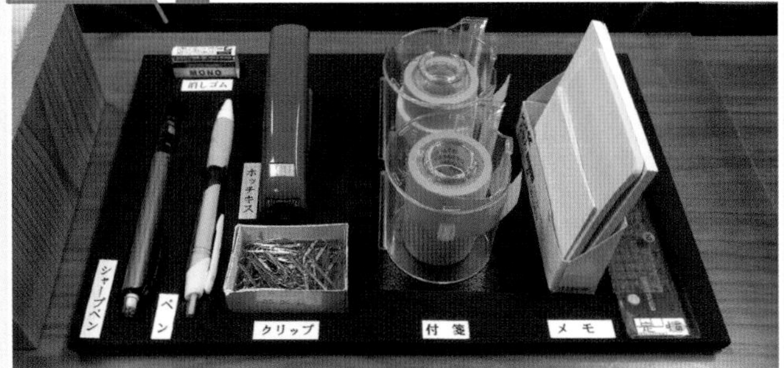

毎日使うモノは出して形跡管理

引き出し内

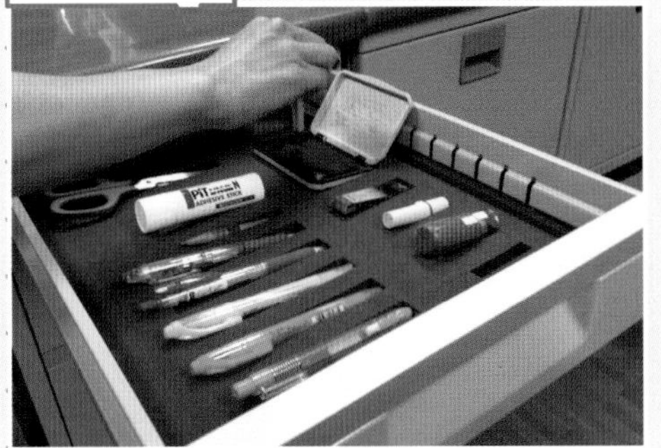

たまに使うモノは引き出し内で形跡管理

デスク上

マウスなどは実物の写真を貼る姿絵(すがたえ)管理で、戻す位置を決めよう

書類

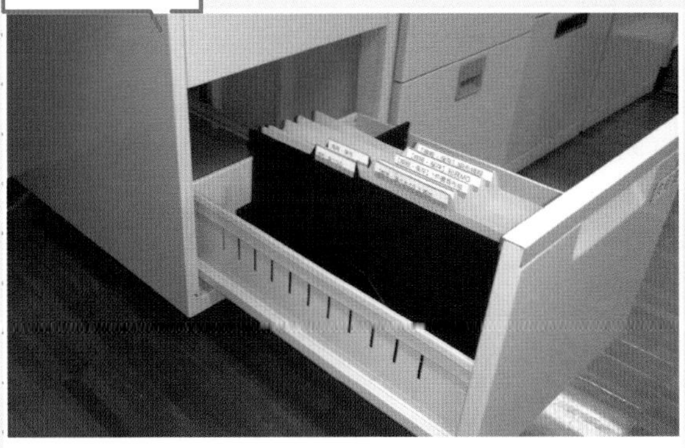

毎日使う書類は引き出しに管理

不在時、他の人が見ても
いいように共有扱い

フリーアドレスのデスク周り

毎日使うモノだけを出して管理すれば、みんなが探す・しまう手間から解放される!　安くて簡単に扱える収納用品で、本来の仕事に時間を使える環境を手に入れよう。

デスク周り

毎日使用するモノは近くに出して管理。
出す・戻す・探すの時間やムダな動作が一気になくなる!
キャスター付きのチェアなら立たずに必要なモノにたどり着ける

毎日使うモノ

オンラインセット

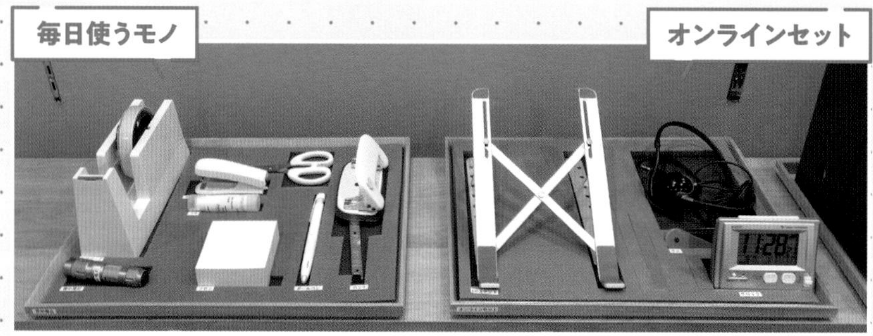

形跡管理で常にスタンバイ!
トレイごと持ち運び可能

急なオンライン会議にも対応できるセット。
常に落ち着いて会議に参加できるしくみ

充電

台に置いて、線につなげるだけで
充電漏れを解消

コンセント

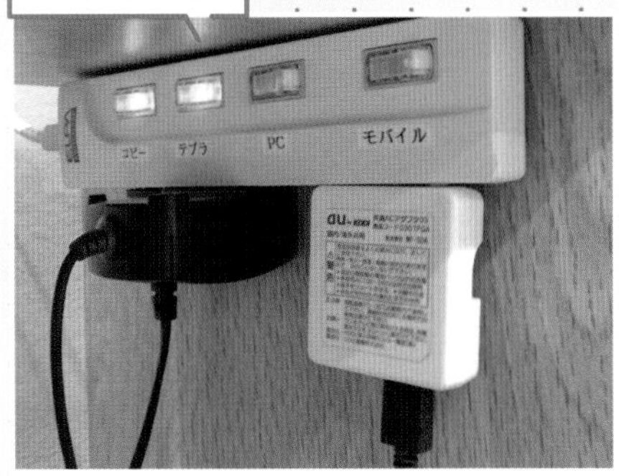

ジェルシールで浮かせて収納。
使用するときだけスイッチオンで省エネに。
コンセントを差し込む手間も削減

書類

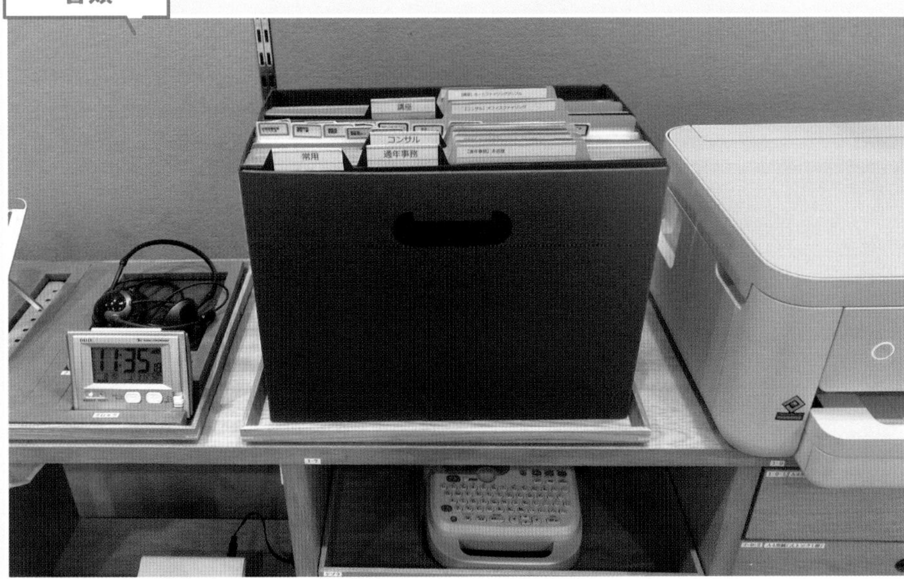

毎日使う書類だけ近くに管理。保存、保管など過去書類は書庫へ。
常に抱えている仕事量が把握でき、必要なときにすぐに取り出せるように共有

デスク周りができたら、他の場所もチャレンジ!

表示や枠線でモノの住所を固定するだけで、
整った状態が半永久的に続く。
安全や清潔を維持・継続しやすいオフィスにしよう!

ホワイトボード

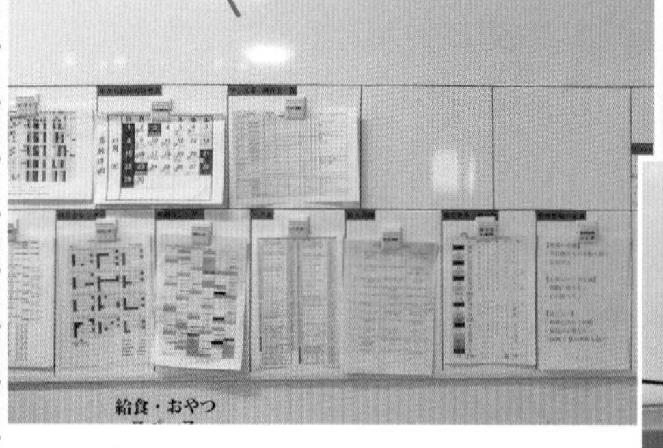

いつも貼っている資料や使っている備品は、表示や枠線テープで定位置を決めると、常に整頓された状態が続く

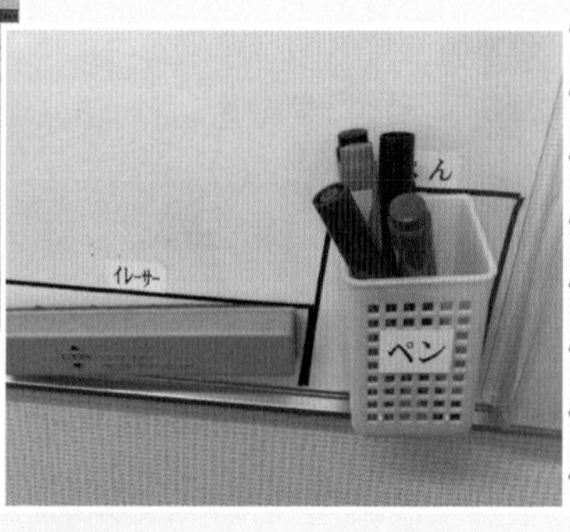

掲示物

理念、お知らせ、計画表、マニュアル、賞状など常に掲示が必要なモノは、定位置を決めると情報が見やすい。
計画表など差し替えが毎回あるモノは、壁かけフレームを使用すると取り外しの手間がラクになる

水回りの清潔

毎日掃除しやすくするため、飾りは最小限に。殺風景が気になる場合は、ウォールステッカーを貼るなど、ホコリが溜まらず除菌もしやすい工夫をしよう

安全

モノの落下など危険性のある上棚の存在、通路の床に置かれたモノ、漏電に備えた配線の管理、災害時に誰もがすぐに取り出せる救急用品の保管など、不必要なモノを取り除き、必要なモノを必要な場所へ動かそう

備品は1カ所に大分類で収納

ここに来れば必ず必要なモノにたどり着けるしくみをつくろう!
たまにしか使わない備品は大きく分類し、
外から中身が把握できると管理しやすい。

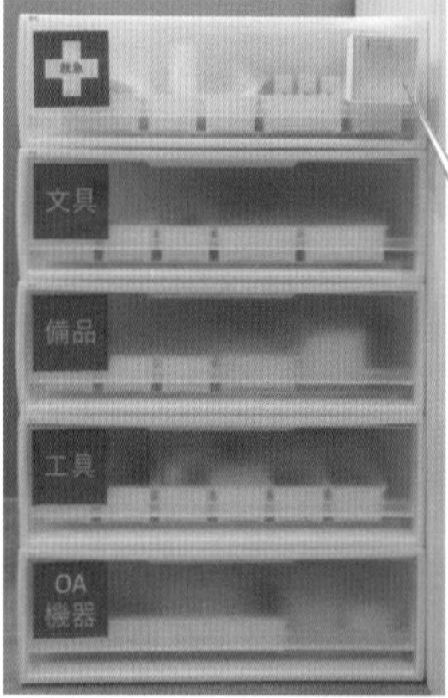

デスク周り以外の
たまに使う備品

定量を決めて
発注カードを作成。
欠品を防ぐしくみも
簡単にできる

救急

救急用品はいつもすぐに見える場所へ

備品

備品は定量を決め、欠品を防ごう

工具

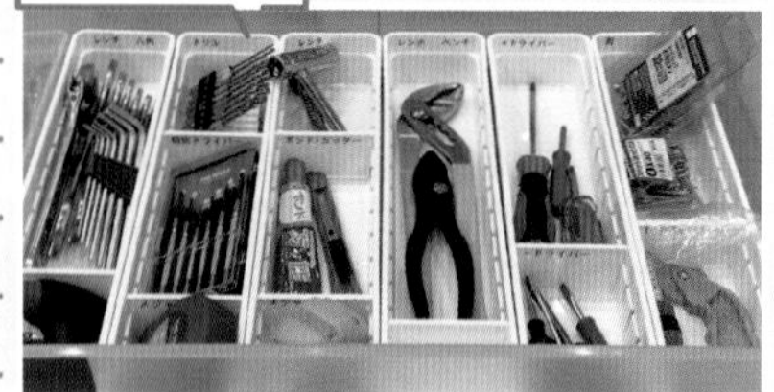

使用しなくなったモノは取り除く

OA 機器

似ているモノが多いので、わかりやすく表示する

はじめに

片づけは、働きやすい日常のため

あと5分で取引先がオフィスにやってくる。

プレゼン資料の準備はバッチリ。あとは身だしなみを整えて待つだけ。

ところが、約束の時間1分前に自分の名刺入れがないことに気づく。さっきまであったのに！　あわてて探すも、焦りが邪魔してパニックになるばかりで見つけられない。

名刺交換が始まっているのに、自分だけ「ただ今、名刺を切らしていまして……」と取りつくろい、準備不足を露呈する。取引先が帰ったあとに、デスクの書類下に隠れていた名刺入れを発見……。

日頃の努力も、たった1つのモノを探せなかった一瞬で、やるせない思いに変わってしまいます。特段、片づけが苦手なわけではない人でも、「必要なときに限ってモノを探せない」ことで、仕事完了まで想定以上の時間を費やしたり、仕事自体はがんばっているのに、ひょんなことで自分の評価を落としてしまうといった切ない経験はないでしょうか？

冒頭のエピソードは、私の経験談です。当時の私は、職場だけではなく、家でも常に探しモノをし、片づかない環境にストレスを抱えて生きてきました。そんな私が、企業へ片づけのレクチャーに出向き、こうして片づけ本を書いているなんて、当時をよく知る友人は驚くことでしょう。

よほど努力して片づけが得意になったのだろうと思うかもしれませんが、実は私自身、片づけが苦手なのは全く変わっていません。変えたのは環境だけです。秒で探して戻せるように、モノの置き場所や置き方を変えただけなのです。

よく、仕事の終了時に使ったモノをすべてしまって、机の上には何もモノがない状態で帰る職場を見聞きします。でも、それだと、いったん出したモノを机の中に戻すという動作が発生し、翌日また、使うたびに出すという動作が発生してしまいます。

この本では、これらの毎日なにげなく行なっている動作をできるだけ減らし、本来やるべき業務の動作だけに集中できるようにモノを片づける方法をお伝えしていきます。

一番の特徴は、毎日使うモノは近くに、きれいに出しっぱなしにする収納です。たまに使うモノは引き出しや戸棚の中にしまい、使いたいときにわかりやすく収納するだけです。私のように片づけが苦手な人でも、また、どんなに忙しい職場でも、必要なモノが常に目に入り、取り出す動作も最小になる、頑張らなくても維持管理できる方法です。

本書に書いてあることを真似するだけで、誰にでもその環境が手に入るということです。

この環境を手に入れるために、私はずいぶん長い時間を要しました。なぜなら、その時々の流行りの収納用品に片っ端から手を出し、見栄えはよくても実際は出しにくかったり、出すための動作が多かったり、重かったりして、戻すコトが面倒になって結局戻さず、デスクや床にモノが散乱してしまう……という「片づけのリバウンド」を何度も繰り返していたからです。

また、どんなに頑張っても、繁忙期や何か問題を抱えているときは一時的にできていたこともできなくなり、元に戻ってしまうこともあります。ということは、日々使う使用頻度の高いモノはどんなに忙しくても、どんなにメンタルが落ちているときでも、動作が少なく戻せるようなしくみをつくることが大事だという結論に達しました。
そんな一度つくれば半永久的に維持できるモノの置き方・しまい方を、この本ではお伝えしていきます。

しくみをつくるうえで、大事なことが3つあります。

①誰にでもできる簡単さ
②一度しくみをつくったら半永久的に崩れない収納法を選択すること
③安価で扱いやすい収納用品を選択すること

重要なのは、実践するうえでハードルが低いこと、場所に応じて理にかなった収納法を選択することです。本書では、実例写真や図解を使ってわかりやすく、場所ごとに片づけの手順を紹介しています。
また、おすすめの片づけ商品も紹介していますので、真似るだけでしくみがつくれるようになっています。まずは自分の身の周りから、どこか1つでも実践してみて、その効果を体感してください。

片づけに困っているあなたに、個人デスクからスタートできる本

この本は、自分の意志で自分の働きやすさを改善しようとしている、あなたに向けて書きました。
普段、私は企業で2SF活動（整理・収納・ファイリング）をアドバイスしています。2SFを徹底することで、よりよい5S活動（整理・整頓・清掃・清潔・しつけ）につながると信じているからです。

本書では、モノの整理・収納を中心に、個人でできる片づけをスタートラインとしています。その理由は、会社全体で活動を始めたたものの忙しさや意見の食い違いで挫折し、活動を継続できない会社も多く見てきたからです。改善したい気持ちがあるのに、あきらめてしまった方が多くいると知ったからです。

「自分の机周りだけでも改善してみたい」
「効果があれば、そのまま自分の部署だけでも改善し、少しでも働きやすい環境を手に入れたい」

そんな個人の想いに貢献したいと思って書きました。ぜひ、ご自身ができるときに、できることから取り組んでいただけるとうれしいです。

一番困っている人の視点で、誰一人取り残さない片づけ

私は片づけを通して、モノを探しやすくしまいやすい環境にするメリット以外で、もうひとつ大切な考え方に気づけました。それは、自分が働きやすくなるために収納のあり方を考えるだけでなく、働く仲間がいかに働きやすくなるかと人に対して想いを馳せることです。

たかが1つの動作をなくすだけかもしれません。確かに、「これくらいの改善、大したことではない」と現場で言われることも多々あります。

自分も、健康なときはそう思っていました。しかしさまざまな企業に出向くうちに、病気治療中など普段簡単にできていたこともできない人がいたり、人に言えない事情を抱えている人が、どの職場にも少なからずいることを知りました。

人生の中で働く時間はとても長いもの。今健康な人も、毎日重いモノを高いところから出し入れして、腰やひじ、ひざへの負担となるかもしれません。いつかそのたかが1つの作業がないことが働きやすさを左右することになるかもしれません。

もし、実践に行き詰まったら、しくみをつくることはただ効率化を目指すだけでなく、未来の自分や働く仲間の働きやすさをサポートする取り組みだと考えて、どうか実践を楽しんでほしいと思います。

この本で仕事における日常のムダを見直し、あなたや会社の皆さんが本来の仕事により取り組めるように、少しでもお役に立てれば幸いです。

職場整理収納アドバイザー　家村かおり

秒で探せる・戻せる　実践！オフィスの片づけ　目次

第1章

出しっぱなしでムリ・ムダなし！　はじめよう、オフィスの片づけ

第2章

見た目だけじゃない！ モノを整えるメリット

第3章

業務効率がアップする！オフィスの片づけの基本

第4章

仕事が楽しくなる！ 個人デスクの片づけ

第5章

安全安心な環境をつくる！オフィス全体の片づけ

第6章

誰がやってもきれいになる！ 清潔な環境づくり

第7章

オフィスの片づけ成功の秘訣

組織で取り組む！

第8章

実践！オフィスの片づけ事例

イラスト　ひえじまゆりこ
カバー・本文デザイン、ＤＴＰ　三枝未央

第1章

出しっぱなしで
ムリ・ムダなし！

はじめよう、
オフィスの片づけ

1 モノが散らかるのはがんばっている証拠

●片づかないのは、しくみがないだけ

「机の上が散らかっている人は仕事ができない」。そんな声を耳にしますが、そうとは言い切れません。

確かに、片づけが苦手という人はいますが、そのほとんどは「片づけのやり方を知らない」「目の前の仕事に追われて、片づけの時間が取れない」、もしくは「片づけの時間がほしいということを言い出せない」ケース。決して個人の責任ではないのです。

片づけが苦手な人でも、片づけの方法を知り、片づけのための時間があれば、きれいに片づいた状態を維持できるようになります。

これからお伝えするのは、**毎日使うモノの場所を決めて、崩れようがない収納方法**です。個人のデスク周りから、共有スペース、職場全体の環境改善まで、片づけが苦手な人でも、新人社員でも、誰でもすぐにモノを取り出せる・元の場所に戻せるしくみがつくれるようになります。

●片づけがあなたの働きやすさをアシスト

何もせずに、机の上にモノが山積みになっていくことはありません。モノが散らかっているということは、仕事で何かを調べるために資料などを取り出したり、作業に必要な道具を揃えたりして、あなたが業務をこなしてきた結果です。決して、仕事ができないわけではありません。

散らかっている場所は、片づけを知らない中で、なんとか業務をこなしてきた証拠。**目の前の光景は努力の結果**です。

書類や文具が山積みのデスク周りをなんとかしたいという人も、モノを出しっぱなしにして、必要なときに見つからず困っているという人も、目の前の状態を情けないなどと思わずに、仕事をよくがんばっている証拠と、まずはご自身を認めてあげてください。

本書では、**毎日使うモノが目の前に待機して、常に片づいた状態をキープするしくみ**で、あなたが本来の仕事に打ち込めるようにアシストしていきます。

モノが散らかっているのは、がんばっている証拠

Before

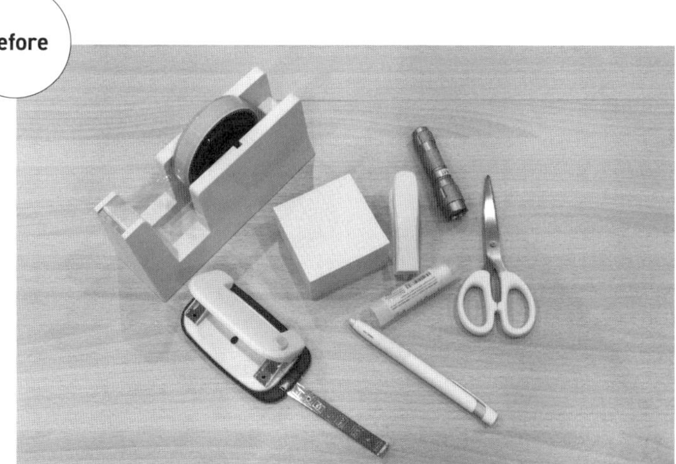

After

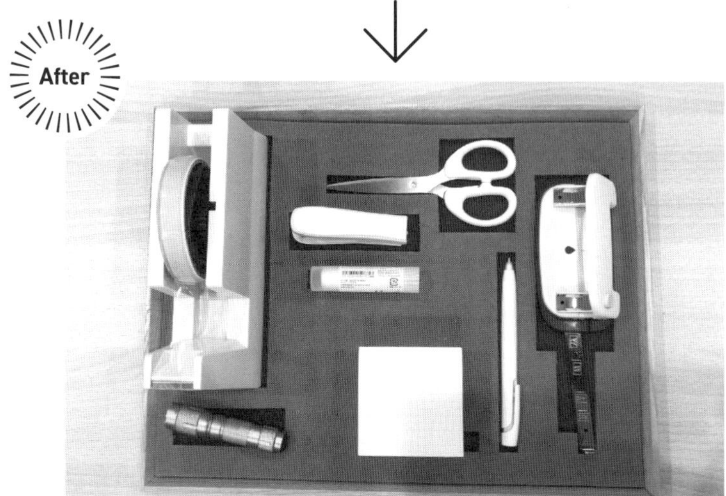

POINT

散らかっているのは、仕事をがんばっている証拠。
まずは自分のがんばりを認めてあげよう！

2 デスク上にモノが散らかる原因

お待たせしない気持ちが優先されてしまう

一般的にデスクにモノが散らかる原因として、「モノの量が多い」「不必要なモノが混ざっている」「戻す場所が決まっていない」など、モノの状態に対する要因が考えられます。

対策として考えられるのは、モノの量を減らし、必要なモノだけにし、戻す場所を決めれば散らからないデスク。

でも、オフィスの場合、環境的に散らかる原因が存在します。それは「使ったモノを元に戻すコト」よりも「お待たせしない気持ち」が優先される場面が多いことです。

自分の与えられた仕事をこなしながら、どんなに中途半端な状態でも、いったん手を止めて電話応対、来客対応、クレーム対応など、相手をお待たせせずに、緊急に対応すべき出来事が日常で起こり続けるからです。

この「お待たせしない気持ち」を優先するのは、仕事上、大事なこと。**デスク上が多少、散らかってしまうのは不可抗力**と割り切りましょう。

人は忘れる生きもの

また、やっかいなことに、緊急の対応が一段落したら、使ったモノを戻すコトをすっかり忘れてしまいがち。これは誰しもが経験することで、悪気があるわけでもありません。

今日1日にこなさなければならない業務は決まっていますし、最優先の業務を遂行することに気持ちが向かい、使ったモノを元に戻すという作業をつい忘れてしまうのも仕方のないことなのです。

このように、お待たせしない気持ちや忘れてしまうことは、仕事をがんばっている限り仕方のないことで、意識改革をして解決できる問題でもありません。

オフィスでは、こういう不可抗力が存在することを認識して、毎日使うモノはすぐ手に取れるようにそばに置き、**意識をしなくても元に戻せるしくみづくり**に対応策を求めたほうが合理的で現実的です。

デスクにモノが散らかる「環境的」要因

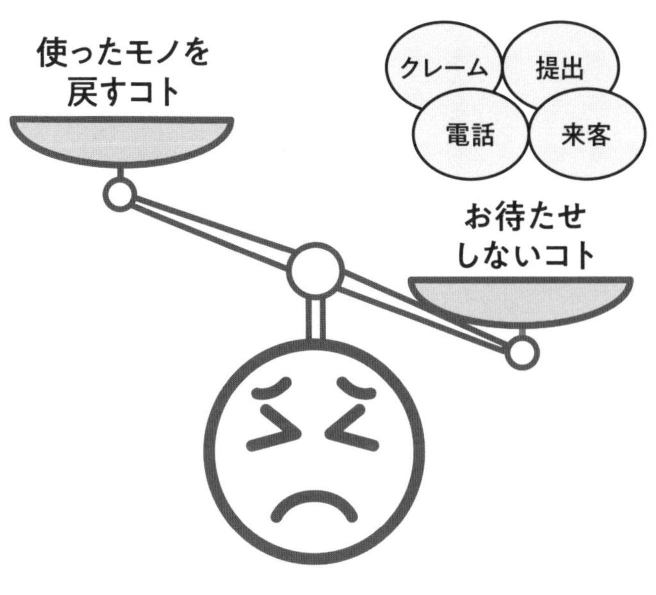

しくみが必要!

☑すぐ手に取れる

☑意識せずに戻せる

3 毎日行なう動作を減らすとラクになる

●一番多い作業の動作を減らそう

デスク業務で毎日使う道具が7個あったとします。たとえばボールペン、付箋、ハサミなど。それらを引き出し内で管理している場合、1回使用するたびに、次のような6つの動作が発生しています。

①引き出しをあける
②モノを取り出す
③引き出しをしめる
④使い終わったモノを戻すために引き出しをあける
⑤モノを戻す
⑥引き出しをしめる

7個の道具を1日に最低1回使用した場合（1回開閉するたびに1つ取り出すと仮定）、

1日の動作＝7個の道具×6つの動作＝42動作

となります。これを1年に換算すると（年間240日出勤と仮定）、

年間の動作＝42動作×240日＝1万80動作

なんと、モノを取り出す・戻す動作を年間1万回以上を行なっていることになるのです。

これを、引き出しではなくデスク上で管理したらどうなるでしょうか。1個の道具の出し入れに①③④⑥の引き出しの開閉動作4つがなくなります。

7個の道具に換算すると、日々28の動作が減り、年間で考えると6720の動作が削減できるということです。動作削減率は67％となります。

●意識改革より〝置き場改革〟

モノが出しっぱなしになってしまうのは自分自身の意識の問題なのでは、と考えると苦しくなります。しかし、どんなに意識したとしても、今やるべき目の前の業務のほうにどうしても気持ちが働いてしまうもの。

それならば、毎日使うモノに関しては、最初から戻しやすい場所に置くしくみをつくりましょう。そうすることで動作数が減り、1つの作業にかかる時間も確実に改善されます。

毎日使うモノは引き出しからデスク上へ

引き出しに管理

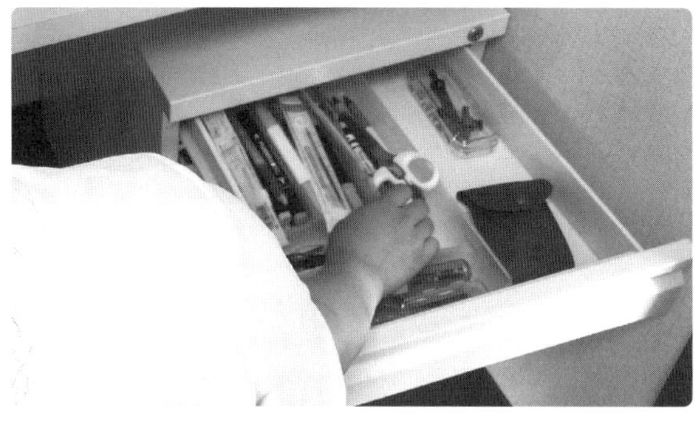

①引き出しをあける ➡ ②ハサミを取る ➡ ③引き出しをしめる ➡
④引き出しをあける ➡ ⑤ハサミを戻す ➡ ⑥引き出しをしめる

1日 **6動作×7道具＝42動作**

年間 **42動作×約240日＝約10,080動作**

デスク上に管理

①ハサミを取る ➡ ②ハサミを戻す

1日 **2動作×7道具＝14動作**

年間 **14動作×約240日＝約3,360動作**

4 収納用品が散らかる原因になる!?

収納ケースのよくある光景

デスク上で毎日使う道具は、**引き出しで管理するよりデスク上で管理したほうが引き出す手間が省けます。**

デスク上でよく使用されているペン立て、引き出し内でよく使用されている収納トレイなど、どの職場でも、モノを管理するために当たり前に使われているモノがあります。決められた場所以外にモノが飛び出していくことがないので、誰もが取り入れやすい収納用品であることに間違いありません。

しかし、よく見かけるのは、ペン立ての中にペン以外のさまざまなモノが空間を占領している光景です。たとえば、使用済みのボールペンの替え芯や共有スペースから持ってきたハサミ、コンビニでコーヒーを買うついでにもらってきたスティックシュガーやかき混ぜ用のスティック等々……。

また、引き出し内の収納トレイの中でも同じ光景が見られます。文具の間に小銭が混ざっていたり、使い終えた電池がとりあえず置かれていたり。捨て忘れて、今後も使用する機会がないモノが浸食している現象です。

スキマが〝とりあえず置き〟を促進

問題の要因は、「スキマ」です。

収納スペースのスキマが、決められたモノ以外の備品の混入を許してしまうのです。スキマがあるために、とりあえず置けてしまう、ということです。

本来、収納すべきではない別のモノが混入してしまうと、どんどんモノが溜まり重なり合って、必要なモノが探しづらくなり、使いたいときにすぐに必要なモノを取出せない状況を生んでしまいます。

こうした〝**とりあえず置き**〟が発生してしまうのは、「スキマがあるのはもったいない」という心理が働くから。収納ケースを使用してはいけないということではありませんが、モノが頻繁に動く場所で使用するのはデメリットが伴うということを知っておきましょう。

スキマは“とりあえず置き”を促進させる

ペン立ての場合

ハサミもあるのに、他の場所からやってきた！

コンビニでもらったスティックシュガーが混入！

収納トレイの場合

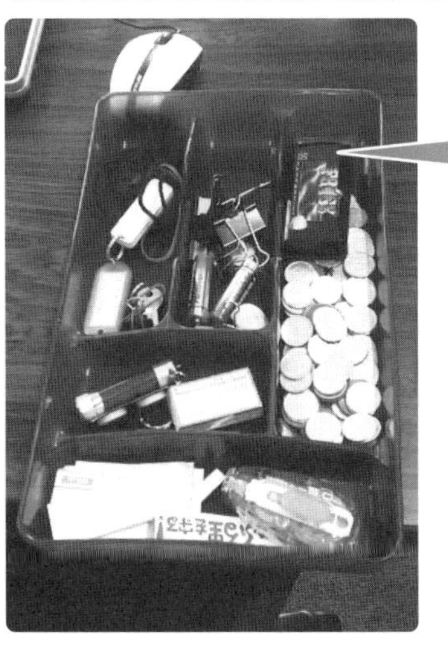

引き出し内のトレイのスキマは、「とりあえず」と何でも置いてしまいがち

POINT

スキマのあるケースは、モノの移動が多い場所だと、モノをため込んで散らかる原因になる。使う場合は、モノの大きさに合わせて仕切りを調整できるタイプがおすすめ。

5 「きれいに出しっぱなし」を目指そう

●まずは、ムダな動作を減らす

職場で行なう日々の業務や、それに伴う片づけ作業は、すべて手を動かす「**動作の集合体**」です。

業務自体を減らすことは難しいものですが、業務に使用する道具の片づけにまつわる動作を減らすコトは、あなたの意思次第ですぐにできます。

まずは、毎日使用しているモノの場所を設定することから始めましょう。

たとえばデスクでの作業なら、デスク下の引き出しから取り出して準備するのではなく、最初から机の上に待機させ、道具を取り出す準備にかける時間と動作、さらには戻す時間と動作を一気になくすのです。

●自然に片づく収納のしくみをつくる

モノの場所を設定するために、まず取り組んでいただきたいのが、**ムダなスキマをなくし、不必要なモノの混入を防いで、嫌でもきれいに管理できる収納**をつくること。

本書でおすすめしているひとつが、**毎日使うモノを型にはめて管理する方法**です。具体的には、スポンジをカットして、そこにモノを収める「**形跡管理**（けいせき）」という方法です。基本的に工場など製造業で取り入れられている方法ですが、いろんな職種のオフィスでも工夫をすれば、なじむしくみです。詳しくは次項で説明します。

出しっぱなしにすることで動作を減らし、型に収めることで別のモノの混入を防ぎ、置き場でそのまま使えることで効率的に作業できるようになります。忙しい中でも、嫌でもきれいに片づいた状態がキープできるようになるでしょう。

わざわざ型をつくるのは面倒だなと思うかもしれませんが、毎日使う備品限定にすれば、それほど数は多くないはずです。

ちなみに、出しっぱなしにしていると気になるのがホコリですが、週1回、デスクの上を拭くついでに型はめ管理の場所のホコリを払うなど、ルーティンを決めてしまえば、「**きれいに出しっぱなし**」を実現できます。

毎日使うモノは手の届く場所で型に収める

トレイを使えば、持ち運びも可能
ニトリ
滑り止め加工木製トレイ

デスクや近くの台の上に出しっぱなしでOK！

POINT

道具を取り出さなくても、そのまま紙を挟んでパンチができる、その場でメモを書けるなど、配置を工夫するとさらに便利！

6 低予算・短時間でできる出しっぱなし収納

自分仕様にカスタマイズできる

そもそも片づけやすいしくみをつくるのに、面倒だったり難しかったりすると、その時点で挫折してしまいます。前項で紹介したスポンジの型に収め、きれいに出しっぱなしにする「形跡管理」の収納は心配無用。誰でも簡単に取り組める片づけ方法です。

左ページで紹介しているのは、1000円程度と安価で、手で簡単に形がくり抜けるトラスコ中山の「**5S管理シート**」という商品。その他、お手持ちのスポンジや使い慣れたスポンジでもかまいません。

100円ショップの収納ボックスなどと比較すると高いと感じるかもしれませんが、収納ボックスだと決まった量しか入れられないので、あふれたり、スキマができたりといった問題が出てきてしまいます。

この収納のポイントは、**自分が毎日使うモノの量と形に合わせて、自分が使用しやすいようにカスタマイズできること**。ここに価値があります。

簡単につくれて、つくり直しも可能

具体的なやり方は、スポンジの上にモノを置く位置を決めたら、あとは指でくりぬくだけ。

「5S管理シート」には15㎜角のミシン目が入っていて、下書きせずに、モノの形に沿って手で簡単にくり抜くことができます。カッターなどの刃物を使わず、安全に短時間でつくれます。

モノの配置さえ決まれば、くり抜き作業は15分くらいで完了します（モノの配置のポイントについては、第4章5項を参照）。また、時間の経過とともに使用する道具が変わったり、置きたいモノの位置を変更したければ、くりぬいたスポンジブロックを両面テープで元に戻して、新たに置きたいモノの形にくり抜き直すだけ。スポンジの買い直しの必要もありません。

既製の収納用品選びに悩む時間や、大きさや分量に見合わない収納用品に経費をかけるのはもったいない。形跡管理なら、一度つくれば長く使えて、常に「きれいに出しっぱなし」が実現できます。

安価&簡単&やり直しがきく「5S管理シート」

● **5S 管理シート**
灰色　厚さ 7mm
縦 30mm、 横 400mm
（トラスコ中山株式会社）

カッターいらず！
ミシン目に沿って手で切り取るだけ

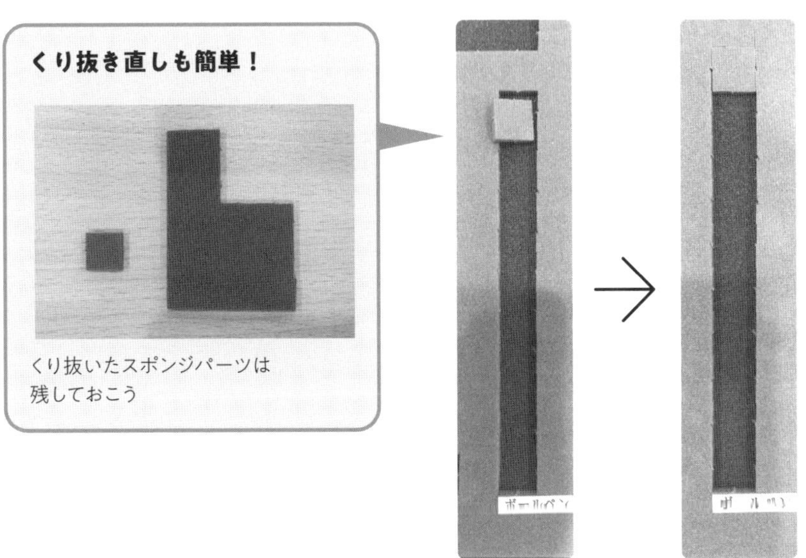

くり抜いたスポンジパーツは
残しておこう

7 オフィス全体のムダをなくそう

●モノを減らし、個人持ちから共有で管理

毎日の業務効率や、トラブルやリスク対策を考えると、必ずしもデスクの上にモノがない状態を目指す必要はありません。

毎日使うモノだけでも、棚や引き出しの中にしまわず、誰もが使いやすい状態にするために、大きなデスクの一角、または背面の棚、キャスター付きのワゴンなどに備品をまとめるなどして、**探さなくてもすぐに手が届く位置に待機させる**のもひとつの手です。

近年、定着したフリーアドレス化やオフィス縮小化にも有効なヒントとなると思います。

また、隣のデスクの人と共有してもいいですね。たとえば、これまでは引き出し内に、2人それぞれが同じ備品を管理していたとします。ハサミであれば、1人1個所有していることになるので、合計2個になります。

しかし、2人が同時にハサミを使用せず、そこまで使用頻度が高くなければ、2人のデスクの中間地にハサミを配置して共有して使うようにすると、管理するモノもスペースも減らすことが可能になります。

●フリーアドレス化のポイント

オフィスの片づけというと、帰宅時にデスクの上はモノがゼロという状態を目指しがちですが、必ずしもそれが効率的とは限りません。

あるオフィスでは、帰宅時にノートパソコンもロッカーにしまい、デスクの上には一切のモノがない状態にしていました。確かに、常にデスク上が片づいているという点ではよいことです。しかし、デメリットもあります。

たとえば、出勤時には毎回、しまっていたノートパソコンや使用する備品を準備するという動作が発生します。帰宅時にロッカーにしまうという作業にも、もちろん動作と時間が毎回かかります。

また、取りかかり中の資料をロッカーにしまい施錠してしまうと、急きょの欠勤などが起こると、担当者不在時に他の従業員が対応できない事態が生じます。

共有できるモノは共有しよう

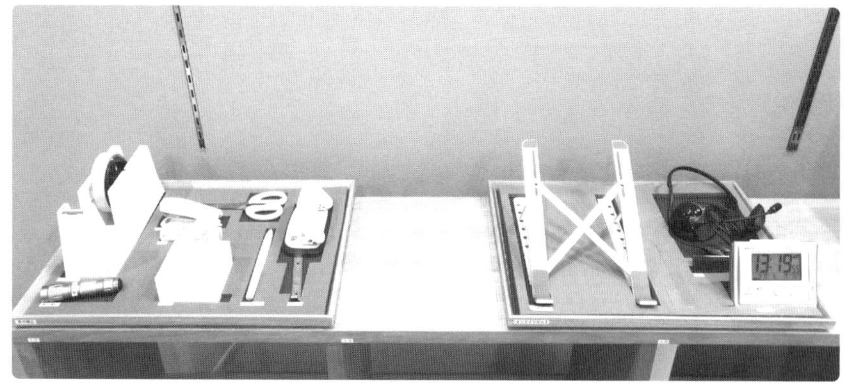

個人デスクの背面に共有の備品コーナーを設ける

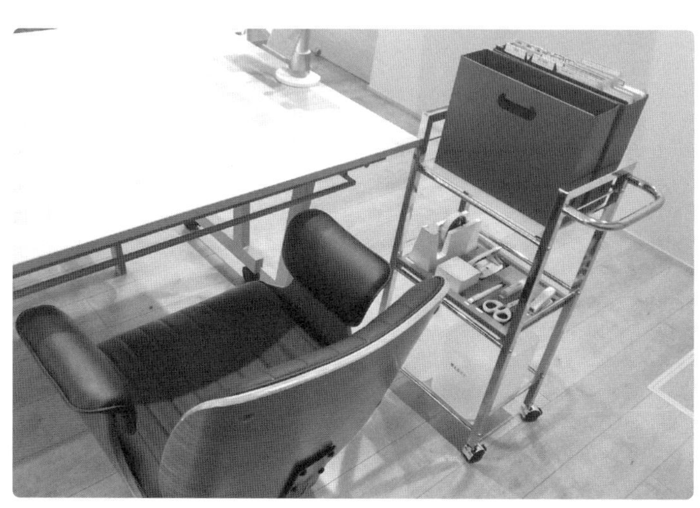

移動ワゴンに共有備品を配備すれば、どの場所でも使える

8 職場のモノや表示の色を工夫するメリット

色を揃えると出しっぱなしでもきれい

職場で備品を購入する際、色を意識して購入していますか？　職場全体を見渡してみてください。また、備品の入っている引き出しや扉を開いてみてください。何も意識していない職場は、モノの数だけ色が氾濫して、ごちゃごちゃして見えることがあります。

この色の氾濫が、必要なモノがすぐにほしいときに探す動作を邪魔する要因のひとつになります。

逆に、モノを置くスポンジが灰色の場合、そこに収めるハサミやホチキスが黒色だと探しにくくなります。これを白色に揃えれば、スポンジから探しやすく、色も統一されて見た目もきれいになります。

こんなふうに、**職場で扱うモノの色を意識して統一するだけで、見た目もスッキリしてインテリア性もアップ**します。色は工夫次第で、片づけやすい、働きやすい環境づくりに役立つのです。

なお、備品は文具、工具、ＯＡ機器など種類別に表示シールを色分けすると、探しやすく戻しやすくなります。

色の工夫が、安全にもつながる

職場には備品や什器、観葉植物など、さまざまなモノが存在します。そして、そのどれにも色が存在します。色が多いと、目立たせたいモノ、目立たなくてはいけないモノが逆に見えなくなってしまいます。

たとえば、消火器。今はインテリア性を優先して白い消火器を販売しているショップもあります。でも、壁が白色のオフィスだと、白い消火器では目立ちませんね。これが赤色なら、そこに初めて足を運んだ訪問者でもすぐに目につき、いざというとき、すぐに手に取ることができます。

消火器やＡＥＤなど緊急時に使用するものが、誰の目にも入ってくるように赤色になっているのは、ちゃんと理由があるのですね。これにならってオフィスの救急用品も赤色を使用すると決めておくと、より安全で働きやすい職場づくりにつながります。

色の工夫で、きれい・探しやすい・戻しやすい！

備品の色を揃えると、出しっぱなしでもきれいに見える

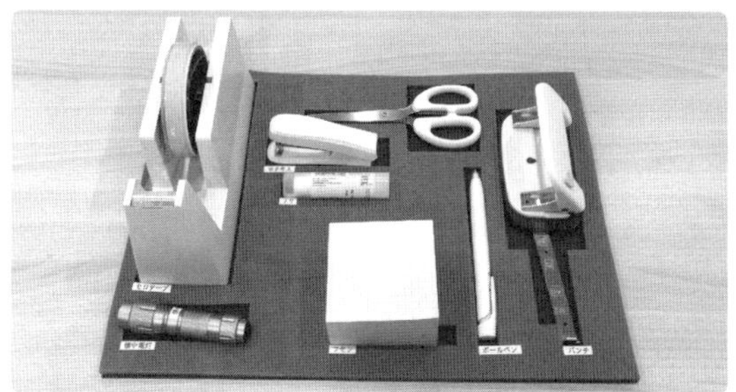

備品は白、なければ白に近い色

表示を種類別に色で分けると、探しやすく戻しやすい

POINT

救急用品はできる限り赤を使用するなどと決め、目立つようにすると、いざというときに探しやすく対応が早くなる。

9 片づけの目的を意識しよう

何のために片づけをしたいのか？

自分のデスク周りを片づけていて、理想通りに進まなかったり、リバウンドしてしまったり、うまくいかないときは、「なんで、片づけたいのか」を振り返ってみましょう。

片づけたいと思う目的は、人それぞれ違っていいと思います。

- **時間のムダを減らしたい**……探しモノの時間を減らしたい、片づけに費やす時間を減らしたい、お客様や取引先、同僚とのやり取りに必要な資料やモノの提供を迅速に行ないたい、などといった時間的なムダを減らす効果。
- **不安や焦りを減らしたい**……探せない焦りや、片づけ時間を取られるストレスを解消したい、迅速な対応を常にすることで信頼されるようになりたい、という心が快適になる効果。
- **ムダな支払いを減らしたい**……残業を減らしてムダな経費を削減したい、作業効率を高めて生産性を向上したいという経済的な効果。

まずはあなたが働きやすい環境づくりから

この本で一番伝えたいのは、一生懸命仕事をしているだけなのに、デスク周りが散らかっているのを何とかしたいと悩んでいる人や、仕事の効率やモチベーションが上がるように片づけたいと思っている人に、働きやすい環境を手に入れてもらうこと。

一番大事なのは、あなた自身がムダな作業によるミスや焦りで心が乱れることを回避し、働くことを楽しむことです。

片づけの目的は人それぞれ。この考え方は、同僚や上司を巻き込んで、オフィス全体の片づけに挑戦するときにも必要不可欠（詳しくは第7章）。

自分が楽しめない限り、心にゆとりがなくなり、どれもこれも手に入れることは困難です。オフィス環境の改善は、まずは自分の身の回りから試みることをおすすめします。

まずは自分が働きやすくなること

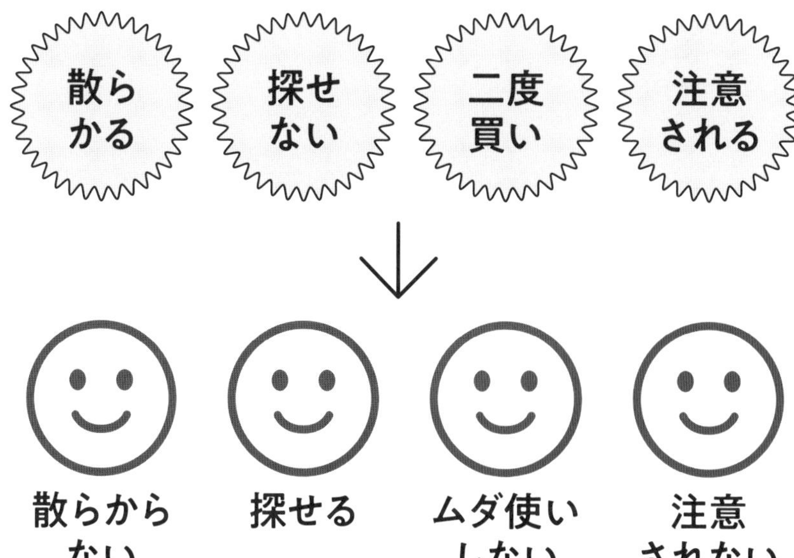

POINT

悩むとどんどん笑顔もなくなり、安心して仕事ができなくなる。
モノを整えることで心の快適を手に入れよう！

Column 1

人は変えられない、環境は変えられる

「あの人のデスクの上だけ、いつも散らかっている」
「あの人は片づけに興味を持ってくれず、非協力的だ」
企業に訪問したときや、セミナー終了後など、皆さんが私に相談してくる内容で最も多いのが、「人」に関する悩みです。
家庭向けの片づけセミナーでも一番多いお悩みが、
「主人が片づけられない。どうしたら変わってくれますか?」
「どうやったら、実家の親はモノを捨ててくれるようになりますか?」
というもの。悩んでいる本人にしたら、毎日のことなので、その苦しさが毎回痛いほど伝わってきます。私にもそういう感情はありますし、他人事とは思えません。
私がこれらの質問に答える言葉は、決まって「人を変えることはできません」です。
2SF活動では、どうしても「これだけ、してあげているのに」と対等や見返りを求め、担当者の声かけも高圧的になっている場合があります。それでは相手が変わるどころかより遠ざかってしまいますね。

解決の方法は2つ。
自分が変わることです。相手を変えようとしないことです。自分や他者と比較して相手を批判するより、もし何かできたときにそれをうれしく思うようにしましょう（第２章５項参照）。

そしてもうひとつ、できることが**環境を変える**ことです。誰もが安全で効率的な環境に変わったとき、働きやすさを実感します。そこに身を置く中で言葉には出さずとも、片づけのよさを体感してくれるかもしれません。
3日後なのか数年後なのかはわからないけれど、遠回りと感じても、今のまま何もしないよりは、地道にコツコツ継続しましょう。
「ムリに変えようとしなくていいんだ」「1個悩みが減り、ラクになりました」……そんなお声も届いています。

第2章

見た目
だけじゃない!

モノを整える
メリット

1 ムダな時間が減る

●業務の大半は、準備に時間をかけている

私たちは、オフィスで仕事をするために、その都度、その作業に必要な道具をオフィスのさまざまな場所から探してきます。

探しまくっても、なかなか見つからなかった修正ペンが、書類の下に埋もれていた……ということもあるでしょう。急なオンライン会議が入り、イヤホンやマイクを探すのに時間がかかって、準備に時間を取られていることも多いでしょう。

これを改善するには、**各業務の準備にどれくれいの動作や動線、時間がかかっているか**を検証してみてください。

●「準備する」から「待機させる」に変えよう

仕事の中で一番ムダな時間は、モノを探す時間です。

業務に取りかかるための準備が最短でできるようにするには、

①業務に必要なモノを必要な場所で待機させる
②待機させられないモノは、見つけやすく管理する

この2つを意識すれば、準備にかかる時間を減らせます。

たとえば、毎日の業務で使っている備品は、デスク上や一番近い収納スペースに管理場所を改める。近くに置けない場合は、一目でわかるように表示したり、透明ケースに管理して見える化し、すぐに稼働できるように。「準備」から「待機」に発想を変えてみましょう。

●たかが1つ、されど1つ

まずは自分のデスク周りから行なえば、個人の業務効率化が図れます。

そして、成功体験を積み重ね、余裕ができたら共有スペースにもトライすれば、**個人からチームへと業務効率化の効果が連鎖**します。

ムダな時間が減れば、本来やりたい業務に集中でき、生産性も上がります。また、備品を二度買いするといった経済的なムダも改善できます。小さな改善がやがて職場全体の環境改善にもつながるでしょう。

「準備する」から「すでに待機」へ変えよう

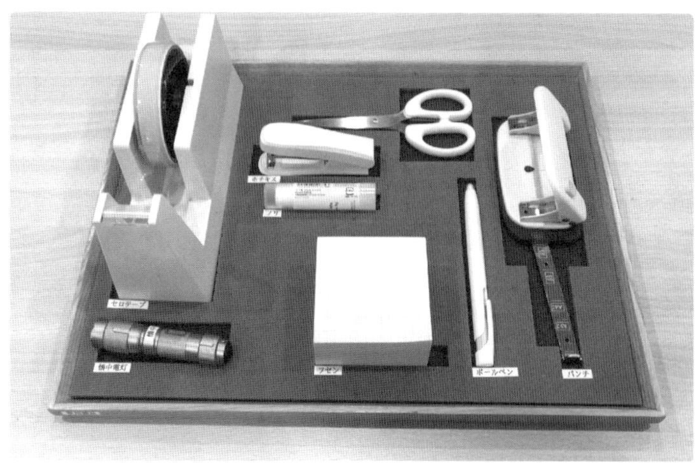

紙に穴をあける際、
パンチを使いやすいように「待機」させる

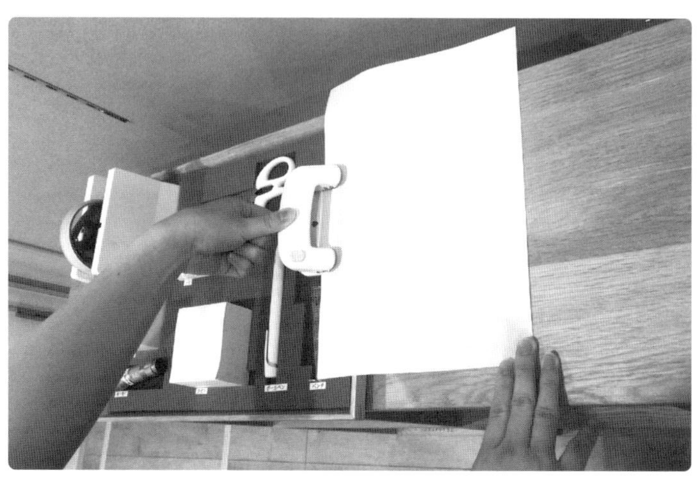

その場で紙を挟み、穴をあける
パンチを取り出す準備やしまう動作がなくなる

2 ストレスが減って心に余裕ができる

注意する・されるストレス

「また出しっぱなしにして〜。使ったら片づけてくださいね」

こんなふうに、使ったモノを出しっぱなしにして注意された経験はありませんか？

もしかすると、そのときのあなたは、戻したくても戻せない状態にあったのかもしれませんね。モノを使って何か作業をしていたけれど、戻す間もなく他の仕事を大至急でふられたのかもしれません。

一度立ち止まって、その背景に何か理由が潜んでいないか、考えてみましょう。

もちろん、使ったモノは元に戻さないと、次に使う人が探せないなど不都合が生じます。すぐに戻せるに越したことはありません。

しかし、目まぐるしく変化する仕事の場では、ケースによっては一概に良し悪しが判断できない場合も多いのです。それなのに、戻せない現状だけを見て注意されることが、圧倒的に多いのではないでしょうか。

モノを整えると心の余裕ができる

探しモノが見つけやすくなるというモノと自分（人）との関係が良好になれば、今度は**自分と関わる人との関係も良好になります**。

探しモノに困らず、必要なモノが常に待機している環境になれば、業務効率化が図れます。

提出書類がギリギリにならない、余裕を持って次の人に業務を引き継ぎができるなど、信頼を積み重ねていくことができます。

常に書類の提出が遅れていれば、大幅に遅れたときに「またか」と注意をされるかもしれません。

しかし、常に余裕を持って提出していれば、「普段は丁寧な仕事ぶりだから、よほど忙しかったのだろう」とサポートしてもらえます。

人との信頼を積み重ねるうえで大切な要素のひとつは、時間を守ることと迅速な対応です。モノによる環境を整えることはその手段となります。

注意する、されるストレスが減る

ミスが発生したとき

状況や背景を確認せずに注意する、嫌な態度をとる

NG!

- 自己肯定感が下がる
- 仕事に自信がなくなる
- ミスをしないことが仕事の目的になる

- ミスが発生したときの状況をヒアリング
- 同時にたくさんの仕事を抱えている場面があった、などの背景を確認する
- 業務に必要なモノの置き場の改善等ができないか話し合う

OK!

- 忙しい状況でも作業が効率化できる
- 業務分担の見直しができる

POINT

人のミスを責めるより、どうすればミスが起こりにくくなるかを考え改善しよう。

3 掃除がしやすく、衛生的な管理ができる

管理するモノの量を減らそう

モノの量が多いと同時に管理するスペースも必要となるので、そこを掃除するのは大変です。

まずは整理作業で、職場から実際に使っていない不必要なモノを取り除くことで管理する量が減ります。いつの間にか使わなくなったモノや、イベント等で一時的に必要なモノなどが、デスク上、引き出し内、職場内にはたくさんあります。

一方、収納が苦手で、モノの置き方なども意識していないのに、常に清潔な会社があります。その秘訣を聞くと、「収納についてはわからないが、常にいらないモノは整理して、掃除を徹底している」とのことでした。整理だけでも、大きな効果を発揮するのです。

毎年定期的な整理期間を設けることで、使用しないモノが蓄積されず、掃除しやすい職場にしましょう。

床とモノの接地面を減らそう

床にモノを10個置くと、モップや掃除機をかける際に、それぞれの場所に移動して、10回モノをどかす作業が必要です。

モノを置く場所を目的がない限り、あちこちに分散せず1カ所に集めて、スチールラック等の上で管理すれば、モノをどかす作業が減らせます。

また、ラックの下にモップや掃除機、手を伸ばせば床を拭けるように棚板を設置すれば、ラック下も常に掃除しやすく、清潔を保ちやすい状態になります。

左ページのように、重い棚の背面は掃除がしにくく、手入れが滞りがちに。棚の使用をやめたり、キャスター付きワゴンにすることで、床全体の掃除もしやすくなります。

床に這った配線も浮かせて収納することで、ホコリが溜まりにくく、火災防止にもつながります。

オフィス全体の整理をし、収納を工夫して、掃除しやすく衛生的な環境をつくりましょう。

衛生的な職場環境をつくろう

職場内の衛生を維持するポイント

必要なモノだけに整理して、掃除しやすい定位置をつくる

Before

After

POINT

無造作にモノが直置きされている空間では、
そもそもその周辺は掃除がされないことが多い。
モノをどかして労力をかけて掃除するよりも、
いかにラクに掃除ができるようになるかを考えよう。

4 業務の「属人化」を防げる

●担当者しかわからない状態になりがち

「○時の会議に使うから、ちょっと赤ペン出しといて」など、特に事務員などは、他部署の人から小さな頼まれごとをされることが多いのではないでしょうか。

上下関係が働く場合もありますが、理由のひとつに**備品のありかが、発注担当者にしかわからない**から、というのがあります。

日常、誰も踏み込まないような場所のキャビネットや引き出しに表示もなく、よく見えない状態で備品が管理されているなど、担当者しかモノの場所がわからない状態になってしまっているオフィスは少なくありません。

誰かに文具の場所を聞かれたりすると、その都度、業務がストップしてしまいます。

誰もがわかるモノの定位置をつくり、業務の属人化を防ぎましょう。

●モノが見える管理にしよう

みんなが使うモノは、管理場所を、みんなが通る場所に配置するようにしましょう。

また、いろいろなところに分散して管理していたモノを1カ所にまとめることで、**ここに来れば、必ず必要な道具が手に入る環境にする**ように、改善すればいいのです。

そして、すべての扉や引き出しにモノの名前を表示し、特に使用頻度の高い備品は出しっぱなしにして、探さなくても目に入り、戻しやすい印や型をつくりましょう。

目指すのは、担当者に聞いたり、頼んだりすることがなくなるような環境。

日々のさまざまな業務を担当している事務員の手を中断させることがなくなり、ほしいときにほしいモノがすぐに手に入るので、みんなにとって働きやすい環境が叶います。

業務の属人化を防ぐ

Q. 新入社員が誰にも聞かず モノを取り出せる?

「ホチキスの針がなくなった。補充しといて」

「倉庫のカギをAさんが持って外出。スペアはどこ?」

「ホワイドボードのマーカーが書けない! 予備はどこ?」

「擦り傷が! 絆創膏はどこ?」

「長めの延長コードを持ってきて」

「給湯室から煙が! すぐ消火器を持ってきて!」

「人が倒れた! AEDを持ってきて!」

「地震で停電! 安全確認のため、社員名簿を持ってきて!」

POINT

その人にしかわからないしくみ(属人化)をなくすことは、人命に関わる緊急の場合にも効果を発揮する。

5 成長する機会になる

自分の体験からしか物事を見ない

片づけが得意な人は、「私はできる」という理由で、片づけができない人を認められないことも。それは、すべての基準が「自分ができるかどうか」で物事を見ているからです。

職場には、さまざまな人が働いています。老若男女、人には見えないハンデを抱えている人もいます。営業は得意だけど事務作業は苦手な人、その逆の人など、得意分野もさまざまです。

若いときはできたことが、年齢を重ねるとできなくなることもあります。誰にでも当てはまることで、自分も例外ではありません。

自分の基準で物事を見ている限り、他者を見下すような言葉やふるまいが職場内でも知らずに出てしまいがちです。特に、自分はできると思っている人ほど、ふるまいや発言に出てしまいがちです。

見方を変えると自分のふるまいも変わる

では、どう見方を変えればよいのでしょうか？

それは**相手の立場になって想像する**ことです。もしかすると、同時にたくさんの作業を担当しているのではないのか？　モノを戻す時間の余裕がないのではないか？　いろんなことが見えてきます。

そう考えると、もっとモノを戻しやすい環境に変えたほうがいいのではないだろうか、という改善案にたどり着きます。

まずは自分の机周りからモノの位置を改善してみることで、その効果を体感し、今度はその経験から困っている人の机周りの改善を一緒に考えて、サポートできるかもしれません。

他者と比較して自分を評価せず、過去の自分と比較して、**今の自分が成長しているか**で見るのがポイントです。他者に対しても、過去のその人と今を比較すると、「前はできなかったことが、今はできてすごいね」と見方が変わってきます。片づけは成長の機会を与えてくれる活動です。

比較対象は他者ではなく、過去の自分＝成長につながる

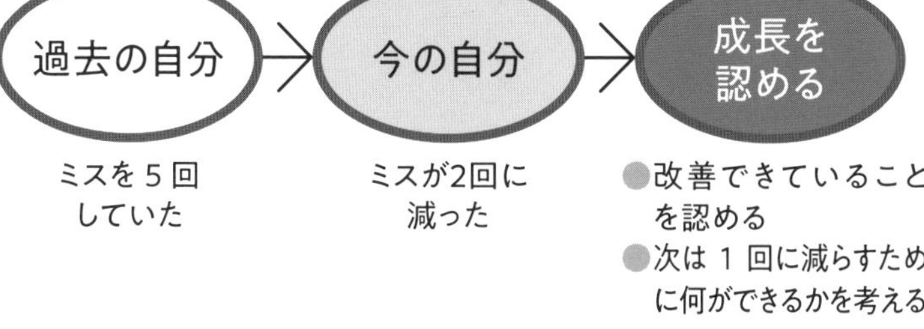
自己評価するとき
過去の自分
今の自分
成長を認める

ミスを５回していた

ミスが2回に減った

●改善できていることを認める
●次は１回に減らすために何ができるかを考える

→前向きに仕事に取り組める!

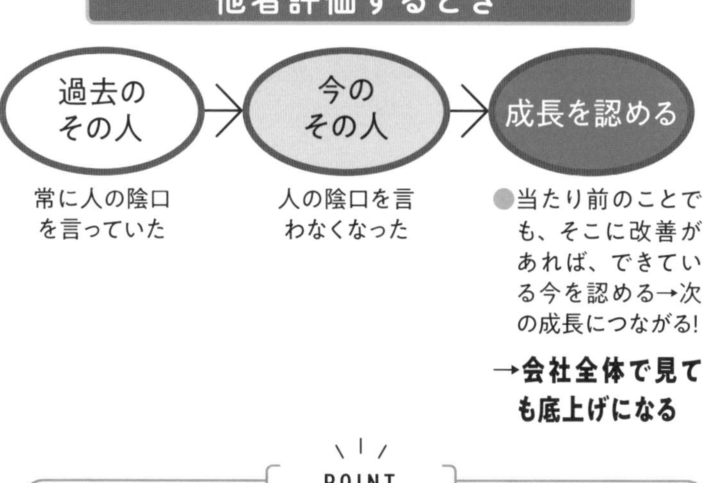
他者評価するとき
過去のその人
今のその人
成長を認める
常に人の陰口を言っていた
人の陰口を言わなくなった
●当たり前のことでも、そこに改善があれば、できている今を認める→次の成長につながる!
→会社全体で見ても底上げになる

POINT

他者と自分を比較して、落ち込んだり、キャパ以上の能力を求めて自己肯定感を下げているだけでは、成長どころかマイナスになってしまう。

6 安全な環境をつくる

片づけは労災のリスク軽減にもなる

自分のデスク周りを片づけて作業効率化すると、探したり焦ったりすることの精神的負担が軽減されます。その延長で、職場全体のスペースまで波及していけば、**安全な環境づくり**にもつながります。安全な環境は、**労災を未然に防ぐ**ことにもなります。

普段、自分たちでは気がつかない危険な状態も、モノの整理や位置を考えることで、さまざまな課題に気がつくきっかけとなります。片づけは効率化や生産性の向上以外に、危険から回避するための安全にも大いにつながっていく重要な取り組みなのです。

いくつか、具体策をご紹介しましょう。

・避難経路の確保

床にあるモノにつまずかず、災害時に逃げやすいように避難通路や出入り口付近にモノを置かない工夫ができます。

・モノを凶器にしない

地震が起きたら、モノは一気に凶器となります。棚上や壁面にあるガラスが入った額縁の掲示物、床を這う配線、ありとあらゆるモノが凶器化します。

・緊急時、すぐに動ける？

ＡＥＤは誰が見てもすぐに目に入る場所に配置してあるか、救急車を呼んだとき、パニック状態でも職場の住所がすぐに言えるかなどを想像すると、救命具や住所・電話番号を目につきやすい場所に掲示しておくなど、今すぐできる改善策はたくさんあります。

・身体的リスクの存在

モノを取り出す動作が多い場合、高い場所から重いモノを取り出している、１つの動作でも身体に負担をかけてモノを取り出したり戻したりしている……などの環境がある場合、それを継続していくと腰に負担がきたり、身体の一部が腱鞘炎になったりと、なんらかの身体的リスクを伴います。

モノを取り出しやすい高さにしたり、動作・動線を減らしたりすることで改善しましょう。

労災を未然に防ごう

- □ デスク周りの足元にモノが散らかっていないですか?
- □ 配線につまずいたり、引っかかる状況はありませんか?
- □ 地震の際、背面からキャビネットやモノが倒れてきませんか?
- □ 救急用品がすぐに探せますか?
- □ 重いモノを毎日持ち運んでいませんか?
- □ 座ったり、休息したり、お手洗いに行ったりなどできていますか?
- □ 水分補給はできていますか?
- □ 出入り口までの通路に避難を妨げるモノがありませんか?
- □ 出入口に倒れる恐れのあるキャビネット等がありませんか?
- □ 出入り口までに上棚などから、頭上にモノが落ちてくる可能性はありませんか?
- □ AEDのバッテリー切れは大丈夫ですか?
- □ ガラス製品や額装が多く飾られ、災害時に飛散の危険性がありませんか?

POINT

危険が伴ってから初めて改善を考えるのでは遅い。
片づけを通じて、自分の気づかない危険を知ることから始めよう。

7 新しい活動に取り組める

●片づけはすべての活動の基礎になる

昨今、中小企業でもSDGs活動に取り組む会社が増えてきました。会社で環境問題の取り組みを行なうには、「うちでは、そもそも何ができるか」を議論するところから始まりますが、何よりもまず時間の確保が必要になってきます。

通常業務からムダな時間を取り除かないままに新しい活動を開始すれば、費やす時間や作業を行なう手間が、通常業務とは別にのしかかります。

環境問題、電子化、デジタル化、HACCP、どんな課題にチャレンジするにもムダな時間を取り除き、業務効率化を伴う片づけは、**どの活動を行なううえでも基礎になる取り組み**になります。

●働きがいにも直結する

みんな片づけをするために働いてはいません。それぞれの目的のために日々働いています。片づかないことによって業務に支障が出たり、怒られたりすると、やりがいもそがれ、仕事が面白くなくなってしまいます。

片づけにより安全で効率的な環境をつくることは、働きがいのある職場を支えるひとつの役割だともいえます。SDGs目標8「働きがいも経済成長も」につながります。

●モノが整わないと効果は半減

電子化などでいくらデータを整えても、それを扱うのは人。データを活用して営業に行くにも、車の鍵や名刺を見つけられなかったり、iPadの充電が不十分で充電器を探したりと、必ずモノが関わってきます。

HACCPも、食中毒を防ぐために部分的に対策をとっても、その部屋が汚ければ汚染される可能性があります。

モノを整え、安全で効率的で清潔な環境をつくることは、**どの取り組みを行なうにも基礎となる**のです。

片づけの取り組みは環境問題につながる

日々の労働時間約8時間
（例：9～17時勤務の場合）

ムダな時間がなくなれば、
必要な活動にあてられる

ムダな時間をなくさないまま、
必要な活動を開始すると、
労働時間外になってしまう

働きがい

- モノの管理で危険を回避、緊急に即対応
- ムダな動作を減らし、身体的リスクを軽減
- 本来やりたいことに打ち込める

使う責任

プラスチック収納

- 長く使えるモノを選び廃棄を削減
- 再利用できる方法を考える

Column 2

2SFはすべての活動の土台

2SFとは、「整理・収納・ファイリング（書類整理)」の頭文字をとった活動のことで、「2（に）エスエフ」と呼びます。

「整理」とは不必要なモノを取り除き、「収納」とは取り除いて残ったモノを取り出しやすく、しまいやすく作業効率化を図って収めることです。

また、オフィスはモノだけでなく書類の量も多い場所。モノと同じように、書類も整理・収納が必須です。

オフィスの片づけは、どちらだけでもダメ。モノも書類も整理・収納をして初めて、安全で効率的な働きやすい環境がつくれます。2SFはすべての活動の土台となるのです。

環境整備といえば、「5S活動」が一般的です。5Sとは「整理・整頓・清掃・清潔・しつけ」の頭文字のSをとって「5（ご）エス」と呼びます。5S活動といっても、何をどこまでやるのかは、その会社が決めること。企業によってその成果はさまざまですが、実は、「なぜ5Sを掲げているのに、こんなにもモノや書類が散乱しているのだろう?」という現場は少なくありません。

その理由は、「整理」ひとつにしても、個人の価値観に判断を任せ、「いらないモノは捨ててください」という会社もあれば、「黒ペンは1人1本まで。なくなったらストックから1本出すこと。最後まで使い切り、モノを大事にしましょう」などと具体的に判断基準やルールを決めて、常にムダにモノが増えないことを意識している会社もあります。

昨今、企業では電子化やDX化、HACCP、SDGsなど多くの活動が求められます。電子化をするにも、今ある紙のどれを電子化し、どれを破棄していくのか、まずは目の前の書類と向き合わなければ、紙が散乱した状態は変わりません。

また、食品を扱う企業はHACCP、もしくはHACCPの考えに沿った衛生管理が求められます。HACCPとは食中毒などを起こす危害要因に対して、事故が起こる前に予防的に原因を摘み取る活動です。せっかくHACCPを導入して、ピンポイントで毎日衛生的に管理しても、その周りにモノが散乱していて掃除しにくい環境では、清潔が保たれません。

何を導入するにも、2SFを徹底することが次の活動を続けるための土台となるのです。

第3章

業務効率がアップする！

オフィスの片づけの基本

1 オフィスの片づけ4つの手順

●働きやすい環境を実現するステップ

本書が目指す「きれいに出しっぱなし」の状態をつくるためには、順番が大事になります。

手順① 「整理」不必要なモノを取り除く

職場では、前任者が置いていった誰も使わない備品、黄色以外使わない5色入り蛍光ペンセット、すでに廃棄した電化製品の説明書や箱など、見渡せば不必要なモノがたくさんあります。これらをそのまま放置しておくと、使わないモノにスペースを与え、必要なモノを探すときに邪魔になったり、掃除のときにどかす手間が永遠にかかったりなど、とても非効率です。まずは不必要なモノは取り除き、管理するモノの数を減らしましょう。

たとえば100個のモノに50個使わないモノが混ざっていれば、まずは50個を取り除いてから、残り50個に対して収納の方法を考えるほうがスペースも予算も手間も減ります。最初は時間がかかっても、こうした「整理」にトコトン向き合うことが成功の秘訣です。

手順② 「収納」取り出しやすく、しまいやすい管理

「整理」で必要なモノが決まったら、どこにどう収納すると管理がしやすいかを考えます。毎日使うモノは身近に配置し、最短の動作で取れるように収納。たまにしか使わないモノは、棚や引き出しの中に管理。こうすると、毎日使うモノが身近に見える状態なので、必要なときにすぐに使えて、作業効率化にもつながります。

私は、片づけしやすいしくみは、「整理」と「収納」で8割達成できると考えています。

手順③ 「整頓」乱れているモノを整える

はみ出ているモノを揃えたり、手順②で決めた場所に戻したり、きれいにすること。ほんの少し時間があるときに見直すだけの作業です。

手順④ 「清掃」ホコリや汚れを取り除き、きれいにする

「整理」でモノの数が減り、「収納」であまり使わないモノは棚や引き出しの中に管理されたので、作業するスペースは毎日使うモノしかありません。必然的に「整頓」や「清掃」は短時間で済み、きれいな状態を維持しやすくなります。

整理と収納ができるだけで、片づけやすい職場になる!

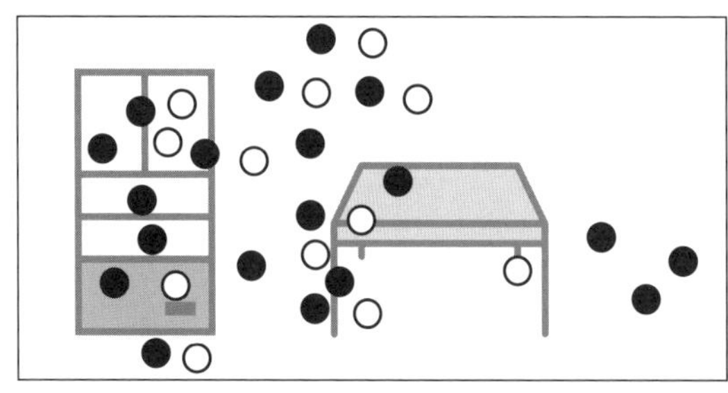

〈①整理〉不必要なモノを取り除く

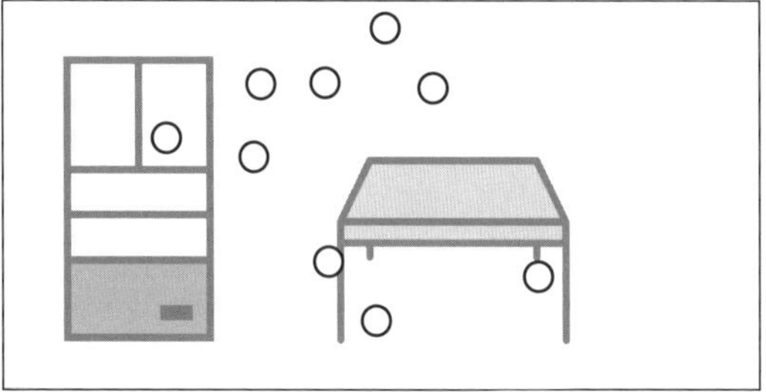

〈②収納〉取り出しやすく、しまいやすい状態

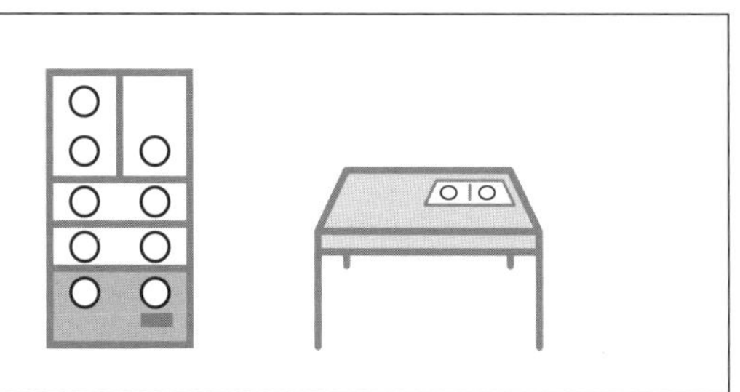

毎日使うモノ	デスク付近
たまに使うモノ	棚や引き出しの中

2 整理 控え備品とレギュラー備品を分ける

●片づけの決定権はあなた

会社は価値観の違う人の集団です。オフィスで片づけに取り組もうとする場合、片づけの目的、方法、計画、リーダーを決めるだけでも意見が分かれ、実践にまで至らない職場は多くあります。

誰にも気兼ねせず、すぐに着手できるのは個人エリアです。個人デスクやロッカーが与えられている人は、まずはそこから改善を試みましょう。

会社の備品は、廃棄していいのかどうかの判断がつきにくいものですが、個人エリアなら**片づけの決定権が自分にあります。**

野球の試合にたとえれば、監督はあなた。1日の試合（業務）をスムーズにこなし、ミスを最小限に抑えて成果を出すために、必要な選手（備品）を適材適所に配備しましょう。

●レギュラー備品と控え備品を分ける

職場にはたくさんの選手（備品）がいます。**毎日使う備品をレギュラー選手と分類し、すぐに業務に参加できるように待機**させれば、業務はこちらのペースで進めることができます。

このレギュラー陣が、バラバラにデスクから離れた位置に収納されていたり、控え選手の下に隠れている状態では、出番がきたときにすぐにプレーできません。ムダに労力、時間、時間給を奪われ、作業効率も低下、ミスにつながる要因にもなります。

●控え選手は共有スペースで待機

控え選手は出番が少なくとも、いざというとき一緒に戦う大事な仲間。適当に扱わず、待機場所を設け、背番号（表示）をつけて大切に扱いましょう。

あちこちに分散して置くと、いざというとき、すぐに見つけられません。1カ所にまとめ、ここにさえ来れば必ず見つけられるように配置しましょう。

レギュラー備品はいつでも力を発揮できるよう待機

POINT

あなたのデスク周りの監督はあなたしかいない。監督が指揮して初めて、選手は生きるもの！

3 整理 捨てたくないモノへの対処法

無理に捨てなくても大丈夫

片づけでまず取り組むべきは、**今使っていないモノを取り除く作業、いわゆる「整理」**から始まります。

この「取り除く」こと＝「捨てる」ことというのは大きな誤解です。

本当に使わないモノや、すでに劣化していて事故や不衛生につながるモノであれば、捨てるのは間違った選択ではありません。また、他に使う先を探して手放せるなら、それに越したことはありません。

しかし、まだ使えるモノは、簡単には捨てられませんよね。そう考えることは自然なことです。そこを無理に捨てなきゃいけないと思うと、思考が止まり、手も止まってしまい、作業が続けられません。

大事なのは、**働きやすい環境を整えるために、今ここに必要のないモノは「取り除く」**ことです。捨てることは手段にすぎず、目的ではありません。

捨てられなくて作業が止まってしまうようであれば、**保存箱**に入れて、何が入っているかわかるように表示し、倉庫に保管しておきましょう。

そして、いざ本当に使いたい日がやってきたら、取りに行けばいいだけです。

なお、会社の経費で購入した備品は会社所有なので、捨てずに共有スペースに保管するか、捨ててもよいのか確認するようにしてください。

時間が必要なこともある

かといって、個人の使わないモノを入れた保存箱を何個も置けるわけではありません。年度ごとに中身を見直すことで、「1年間、確かに必要なかったな。そろそろ手放しても問題なさそうだ」と考えられるようになり、多くのモノを持ちすぎてしまうことを回避できます。

本当に捨ててほしいのは、モノが整わないことによって、必要なときに必要なモノが探せずに焦ったり、本来の仕事に打ち込めなくなるムダな時間です。

捨てたくないモノは保存箱でいったん保管

捨てられない！　作業が止まってしまう

捨てなくて大丈夫！　迷う間は保管しよう！

１年後、また本当に必要か見直そう!

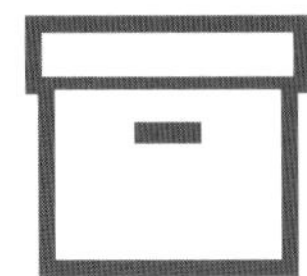

POINT

整理でモノを見直すと、普段使っていないことに気づき、納得して手放せるようになる。
「これまで仕事を支えてくれて、ありがとう」という気持ちで手放すのも、捨てやすくなるコツのひとつ。

4 整理 必要なモノを見極めるコツ

必要なのは過去と向き合うこと

整理とは、不必要なモノを取り除くこと。逆に言うと、**必要なモノを見極める**ことです。「何が必要なモノなのか？」の定義が曖昧だと、片づけが進みません。

個人のデスク周りから着手する場合、自分が今の業務に実際に使うモノが必要なモノです。

たとえば、デスクの引き出し内にシャープペンシルの芯があったとしましょう。まだ使えるから必要だと思いがちですが、日々、ボールペンしか使用していなければ、このデスクの引き出し内では不必要なモノと判断できます。

整理のコツは、**未来を見るより、過去と向き合う**ことです。

「もしかしたら、将来使うかも」と考えたら判断は鈍り、不必要なモノに囲まれた状態から抜け出せません。

「使うかも」と思ったモノを「捨てなければいけない」と思うから、手が止まるのです。使うかもしれないモノは、「今は」使わないと判断できるので、共有スペースに退避させればいいだけです。

いずれ本当に使うときがきたら、そこに取りに行けばいいだけなので心配はいりません。

心が使っているモノも道具と考える

また、手では使わなくても、仕事をするうえで原動力となる「**心が使うモノ**」が存在します。

たとえば、過去に何かを達成したときの記念写真が身近にあると、仕事で挫折しそうなことがあったときなどに、ふと目に入ると乗り越える勇気をもらえるかもしれません。

その私物写真は、実際に手が使ってなくても心が使っていて、生産性のある道具になります。

「私物は持ち込まない」というルールを決めている会社も多いですが、「生産性を高めるために本当に必要なモノ＝本質」が見えなくなれば本末転倒です。

実際に使うモノを見極めよう

例 普段デスクでボールペンしか使ってない場合

シャープペンシルの芯や鉛筆削りは使えるけど、デスクにはいらない

書くものはボールペンだけデスクにあればいい

→

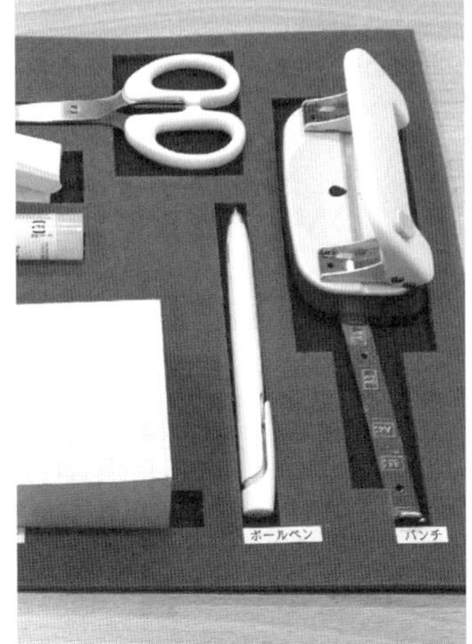

5 整理 見逃しがちな不必要なモノの存在

●什器や飾りも整理の対象

整理（不必要なモノを取り除く）をしようと考えると、まずは身近なモノに目がいきます。モノを整理していくうちに、動作の数や負荷にも意識がいくようになります。そのとき、この扉を外せばもっとラクに出し入れができると感じたら、扉も整理の対象としましょう。

目の前の備品から什器の要不要まで考えが及ぶと、**今まで当たり前に目の前に広がっていた光景に違和感を覚え始めます**。

倉庫や車のカギ本体にスペアキーも一緒についていれば、本体をなくすと、同時にスペアキーもなくしてしまうことになるなど、いろいろなことに気づきます。

壁に意味なく何年も刺さっている画びょうや、ホコリだらけの造花やフェイクの観葉植物、すでに本体がない備品の箱……。

ありとあらゆるモノの存在意義や管理の仕方に疑問が生まれ、これまでの当たり前の光景の中に不必要なモノがいっぱい見えてきます。

●当たり前への違和感の連鎖

当たり前の光景の中に不要品があると意識すると、どんどん整理をしたくなります。しかし、違和感を抱いているのは今のところ自分だけ。

その状態でいきなりさまざまなモノを廃棄したり、職場から取り除いていこうとすれば、同僚はびっくりしてしまいます。

人の気持ちには温度差があるものです。まずは誰にも迷惑がかからない個人スペースからチャレンジすることをおすすめしているのも、そうした理由が背景にあります。

そして、あなたのチャレンジが他の誰かに共感され、その人も当たり前の光景に違和感を持ち出したら、一緒にチャレンジしてくれるかもしれません。

まずは自分のために、目の前の不要品を取り除いていきましょう。

当たり前の光景を疑おう

「よく見ると、○○？」

「汚れだらけよね？」

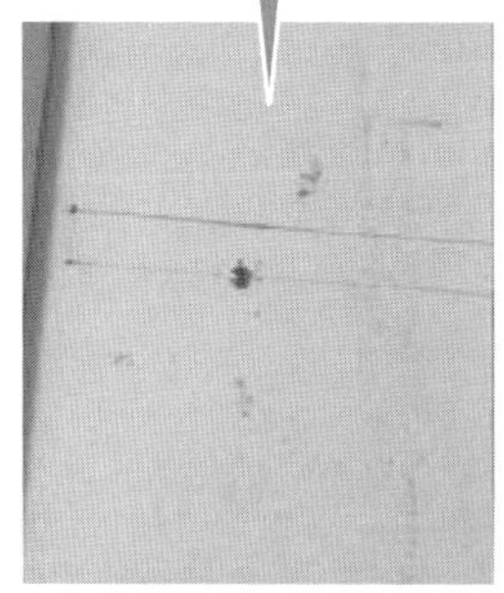

「枯れてるよね？」

「本体なくしたら、スペアもなくすよね？」

「配線ぐちゃぐちゃで危ないよね？」

「この箱、本体がもうないよね？」

よく見ると……
職場には危険や汚れや使わないモノがいっぱい！

6 収納 毎日使う備品はなるべく身近な場所に置く

● 個人デスクがある場合

毎日使う備品は、個人デスクの上に出社時から待機させるのが望ましいですが、職場によってはデスク上にモノを置くことが禁止の場合もあります。

毎日使う備品を決定したけれど、どこに置けばいいのか迷ったときは、**身体に近い場所**から優先順位をつけて置き場を決めましょう。

優先順位1 **デスク上（右利きなら右上）**
優先順位2 **デスク下の引き出し内**
優先順位3 **デスク隣接ワゴン**
優先順位4 **デスク背面ラック（イスに座ったまま、振り返れば手に取れる位置）**

● フリーアドレスの場合

フリーアドレスの場合は、そもそも個人デスクがないので、机の上に最初から毎日使う備品を待機させるのは難しいでしょう。個人ポーチでの管理が決められている場合もありますが、毎回個人ロッカーからポーチを持ち運んで移動させるのは動作数がかかりますよね。

そこで、可能であれば、最初からデスク近くに待機させ、モノの持ち運びの動作や動線、労力をなくしましょう。

優先順位1 **デスク隣接ワゴン**
優先順位2 **デスク背面ラック（イスに座ったまま、振り返れば手に取れる位置）**

最初は自分個人の業務と照らし合わせて、必要なモノを自分の身近に配備しましょう。

その後、他のスタッフから共感が得られて、一緒に使いたいと希望されれば、その人にとってのレギュラー備品も加えて、2人の間にワゴンを配置したり、背面ラックを2人の間に配置すれば、お互い使いやすくなるでしょう。

ここまですれば、毎日仕事を始める前に必要なモノをロッカーなどから取り出すなど準備していた動作がなくなり、最初から待機させることができます。

また、戻す作業もなくなるので、年間で考えると多くの動作と時間が削減でき、本来打ち込みたい業務に時間を使うことができるでしょう。

毎日使う備品は身近に置くと動作がラクになる

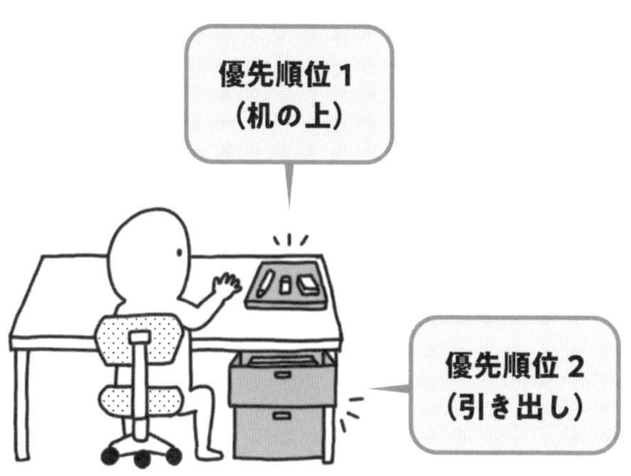

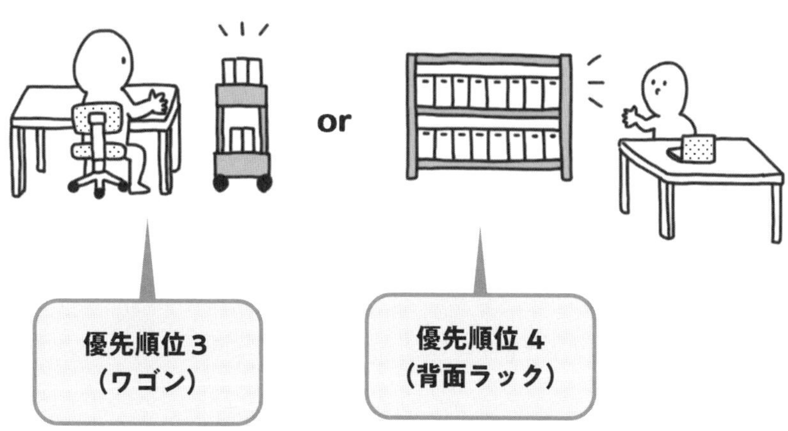

7 収納 空間をうまく活用する

ボックスを元に戻すといった工程もなくなるので、散らかりにくく、片づいた状態を維持しやすくなります。まさに一石二鳥です。

●床と最下段の棚は空間があると衛生的

棚やラックの最下段と床面の間には、掃除機やモップなど掃除用具が入る空間をつくりましょう。

常に掃除がしやすい状態にして、ホコリや汚れの滞留を防ぎます。害虫の住処になってしまうことも防止できます。

食品を扱う現場では床から15㎝離す、また水で掃除するような場所では60㎝離すといった基準がありますが、食品を扱わない事務所でも、衛生を保つために、床から最下段の棚までの空間を確保しましょう。

また、空間があれば、ラックからの落下物や、デスク周りで落としてしまった小物なども発見しやすくなります。

●棚・ラックにモノを収める場合の注意点

モノが棚やラックにきれいに収まっていることも大切ですが、モノが取り出しやすい収納も重要なポイントです。

たとえば、ファイルボックスを棚板と棚板の間にきっちり収めると、用紙1枚を取り出すのにボックスごと取り出し、デスク上などに持ってきて中身を取り出さなければなりません。1枚の用紙の出し入れにしては動作が多く、負荷もかかります。

改善策として、棚板と棚板の間にボックスを置いて、用紙を出し入れする手が入るだけの空間を設ければ、ボックスを取り出す必要もなく、そのままの状態で中に入っているモノを取り出し可能です。

収納するときは、**どうずればきれいに収まるかより、どうすれば出しやすいかを優先する**と業務効率化へとつながります。

手が入る空間をつくろう

空間がない場合のデメリットが解消される

①収納用品ごと取り出さなければならない
②収納用品が重いと連続動作で身体的リスクを伴う
③掃除しにくい
④落し物に気がつかない、探しにくい

手が入る空間
・重い収納用品を取り出さなくても取れる。この場合、用紙の高さ分の空間が必要
手が入る空間
・中のモノを出し入れしやすい
床から棚板までの空間
・掃除用具が入る
・落とし物に気がつく

8 収納 すべてのモノの住所を決めて表示する

● スーパーのしくみを参考にしよう

個人スペースを整理・収納してみると、個人が管理する備品は少なかったという場合もあります。

特に共有スペースがある職場では、個人スペースではなく共有スペースを整理・収納したほうが、より働きやすくなります。そのため、ここでは共有スペースの分類についてお伝えしましょう。

職場のみんなが使う共有備品は、すべてのモノの住所を決めましょう。

わかりやすいのがスーパーのしくみです。初めて訪れたスーパーでも、何がどこにあるのか、店員さんに聞かなくても、ほしいモノにたどり着けますよね。

あるチョコレート菓子がほしい場合、最初に**大分類**である「お菓子」と書かれた看板を目指し、次に**中分類**である「チョコレート」と書かれたコーナーを見つけます。そして最後に、その商品名が書かれたプレートの前にたどり着きます。

職場でもこのしくみを導入すれば、新入社員でも、必要なモノを誰かに聞かなくても探し出せます。**表示は、誰もがほしいモノにたどり着ける一番簡単な方法**です。

● 誰もが迷わず探せる・戻せる表示

今、あなたの職場の扉つきのキャビネット、扉のないスチールラック、その他ありとあらゆる収納棚を見回してみてください。

きちんと表示されていますか？　誰もが迷わず、たどり着けますか？

「文具」「備品」「救急用品」「ＯＡ機器」「工具」など、まずは大分類で表示があればＯＫです。

セロテープの替えがほしければ、まず大分類である「文具」の表示を探し、引き出しをあけると、「テープ」「ペン」などの中分類に仕切って収納してあれば、テープのケースからすぐに各種テープのストックが取り出せます。

大分類で表示＝新人でも探しやすい

POINT

大まかなエリアを決めて表示すると、
探しやすく散らかりにくい。

9 収納 目的ごとに分類する

●まずは使用頻度で分類

個人のデスク周りの片づけの場合、あまり細かく分類する必要はありません。**毎日使うか、それ以外かの2つに分類**するだけで十分です。

最初は、自分が毎日使う備品を、すべての備品から割り出し、近くに待機させます。

このとき、「週2~3回使う程度のモノでも、『毎日』扱いでもいいですか?」と聞かれますが、収納スペースに余裕があったり、近くに待機させたいという場合には問題ありません。

●次はアイテム別に分類

毎日使うモノが決まったら、それ以外の残ったモノの分類です。

毎日使う備品以外のモノは、「毎週」「毎月」「年に何回」などと細かく分けても、個人が管理できるスペースには、そもそも置く場所がありません。

オフィスでの個人のモノの量はさほど多くないと思いますし、1つの引き出しかない場合もあると思います。そのため、**使用頻度で分けずにアイテム別に分類**することをおすすめします。

いろんなアイテムをごちゃ混ぜに入れたままでは、必要なときに見つけにくく、すぐに取り出せません。また、不必要になったときも、その存在に気づかず、ずっとその場に滞留し、モノが増える原因にもなります。

仕切りケースや、透明のジップ袋に入れるなど、用途の違うモノが混在しないように工夫するとよいでしょう。

●使う目的で分類

また、モノを使う目的別に分けてもいいですね。

たとえば、オンライン会議に必要なマイクやイヤホン、PCスタンドなど、それぞれアイテムは違うけれど、同じ目的で使うモノを「オンラインセット」などと、ひとまとめのグループにして収めると便利です。

細かいモノを分ける工夫

細かいモノはジップ袋で見えるように分けるときれいに保てる

10 個人エリアはあなたの目的のために片づける

1つの動作改善が積み重なる効果

片づけのしくみをつくるには、どこがモノの置き場所としてベストなのか、どの置き方が取り出しやすく、しまいやすいのか、取り出す動作の数や負荷を最小限にできないかなどについて、業務を見直し、ムダを洗い出す必要があります。

たかが1つの動作改善の繰り返しかもしれません。でも、1つだけを見れば「たかが」ですが、それがいくつも積み重なり、効果を体感すれば、「されど1つ」だと実感できます。それはやった人にしか、わからないことです。

何気ない一言を気にしない

実際に、個人が片づけを実践し始めると、さまざまな人が通りすがりに声をかけてきます。

「お、がんばってるね」「うまくいったら、私にも教えて」と肯定的な声かけもあれば、「たかがそれくらいの動作、何になるの?」「そこまでしてラクをしたいの?」「神経質すぎじゃない?」といった否定的なコメントをしてくる人もいます。

応援コメントはやる気につながり励みになるのですが、否定的なコメントに対しては、片づけの効果を説明すればするほど反論されたり、やる気がそがれたりする場合もあります。

しかし、否定的なコメントをしてくる人はこちらが思っているほど悪気がない場合が多く、場当たり的に発言していることもあります。

このようなやり取りがないに越したことはないのですが、ご相談の多くは技術より人の問題が多いことを実感しています。

ただ、否定的なコメントをしてくる人も悪気があるわけではないのであまり気にせず、実践のあとには働きやすさが待っている! とワクワクした気持ちでトライしてみてください。

1日の業務を検証して、ムダを見つけ出そう

動作数の検証STEP

①各作業に必要なモノが何か、作業しながら確かめる。

【例】配達作業をするとき

・ペン、配達伝票、ガムテープなど、
どれくらいの備品を使っているか
・どの場所に取りに行っているか

などがわかれば、近くに配置することを
検討できる。

② ①で必要なモノがわかったら、何をどこから出して、
どれくらいの動作をかけているか書き出す。

③ 毎日使うモノならデスク上に移動可。
その他、必要なモノはグループにして身近に
管理しよう。

POINT

自分の作業を客観的に見てみよう。
動画を撮って検証するのも、わかり
やすくておすすめ。

Column 3

モノが溜まりやすい場所の表示の工夫

デスククらいの高さの場所に台があると、モノを置きやすいので、“とりあえず置き”してしまいがち。そして、置いたことを忘れられがちです。

何度も注意するのも、されるのも、お互いがつらくなります。きれいを維持するためだけでなく、心の平穏も維持するには、いろんな表示法の仕方を工夫していきましょう。

注意喚起型

棚の上は“とりあえず置き”しがちで、モノが溜まってしまう。毎回、注意もしづらい

→

文字で直接言いたいことを伝える

感情揺さぶる型

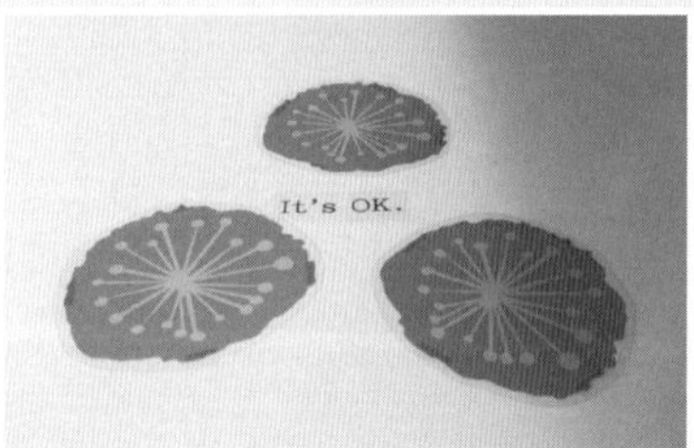

花のシールや「It's OK.」や「Good job!」などのメッセージを表示しておくと、上にモノを置きにくくなる。工夫しながら、表示を楽しもう

第4章

仕事が
楽しくなる!

個人デスクの片づけ

1 個人デスクの片づけ方の基本

第4章からは、いよいよ実践です。

まずは、個人のデスク周りの片づけ方について、第3章1項で紹介した4つの手順に沿って、お伝えしていきます。

●個人デスクの整理

①個所を決める

自分のデスク周りのどこを片づけるかを決める。

②全出しをする

中に入っているモノをすべて出す。

③不必要なモノを取り除く（残すモノを選ぶ）

使っているか、使っていないかで判断する。

・使っているモノ：そのまま残す
・使っていないモノ：壊れている＝修理や廃棄
・管理場所がすでに決まっている＝そこに戻す
・使っていない私物＝持ち帰る、借り物＝返す

④清掃

同じ場所や収納用品に戻す場合、あらかじめ清掃。

●個人デスクの収納・分類

⑤残すモノを分類

・使う頻度で分類する場合：毎日、毎週使うモノ、月1回程度使うモノ、年1回程度使うモノ
・カテゴリー別に分類する場合・同じ目的で一緒に使う場合：「プロジェクター」で使う備品セット」など

⑥収める

・分類したモノの大きさに合うスペースを用意
・すべてが見えるように、できる限り重ねず、一目でわかるようにする

⑦表示する

・モノに表示（見て何かわからないモノは特に）
・収める場所に表示（探しやすく戻しやすい）

●個人デスクの清掃

・汚れていたら掃除したり、掃除する日を決めて常にきれいにして清潔を保つ。

具体的手順

1.個所を決める

OA機器の引き出しに決める

2.全出しをする

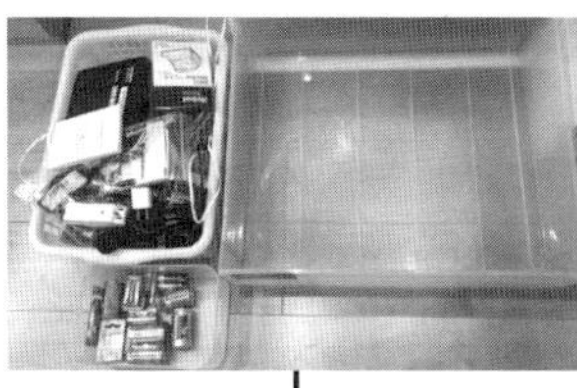

3.不必要なモノを取り除く

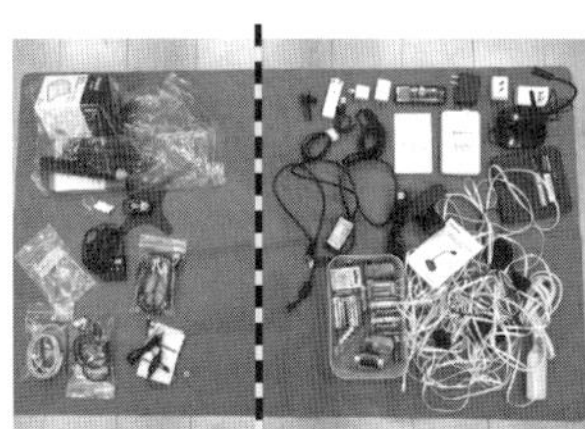

使わないモノ
（本体のない備品）

使うモノ

絡まっていてすぐに使えない状態なら、すぐに使えるようにほどいていく

4.使う収納用品の清掃

以外に汚れている。収める前にホコリや汚れを取り除く

5.残すモノを分類

電池、コンセント、配線、マイクなどカテゴリーで分類して大きさや量を把握する

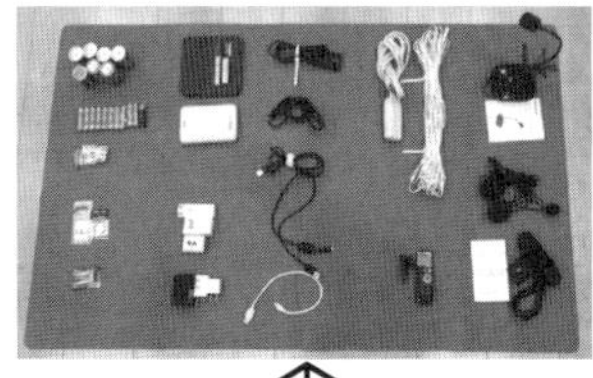

6.収納用品に収める

大きさによって仕切りが移動できるトレイを使うと収めやすく見やすい

7.表示する

モノの置き場に表示すると探しやすく戻しやすい（テプラやマスキングテープ）

2 まずはビフォー写真を撮っておこう

●写真で現状を把握しておく3つのメリット

個人デスクの片づけに取りかかる前にやっておきたいのは、**ビフォー写真を撮影しておく**ことです。

ビフォー写真は全体、デスク上、引き出し内、それぞれを撮ります。それは、次の3つのメリットがあるからです。

①モチベーションが上がる

1つ目のメリットは、モチベーションアップです。

あとでアフターの画像と比較できるので、モノが多く散らかった状態から、すっきりきれいに取り出しやすく改善されたアフター画像を見ると、自分のがんばりが一目でわかるからです。

「よくやりきったぞ!」と自分で自分を認め、ほめてあげてください。

②説明がしやすい

2つ目は、同僚からの「何をどう改善したのか」といった質問に答えやすくなるからです。

言葉だけで説明するより、画像を見てもらえば、視覚的に全体が大きく変わったことが言葉がなくても伝わります。

そして、具体的にどのような課題が改善されたかを言葉で伝えることで、理解されやすくなるでしょう。

③他の人も取り組める

左ページの写真は、ある企業の総務の方のデスクです。ビフォー・アフターの画像だけでなく、取り組み過程もすべて画像として記録に残しました。

後日、同じ課の同僚も、画像を真似するだけで同じ改善ができたそうです。

他の課の人から、「自分も片づけたいので、教えてほしい」などと言われたときにも、画像資料を渡すだけで簡単に伝えることができます。

また、会社から興味を持たれれば、画像資料さえあれば、全従業員向けに発信も簡単にできます。

まずは、ビフォー画像を撮るところから始めましょう!

まずは個人デスクのビフォー写真を撮影

全体

デスク上

1段目引き出し

2段目引き出し

3段目引き出し

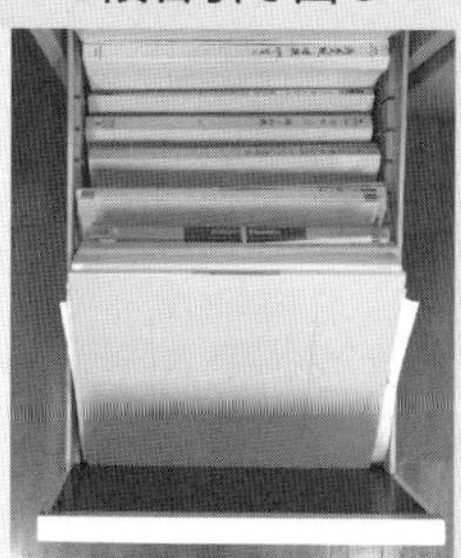

3 デスクの片づけのポイント

●できあがりをイメージしよう

デスクの片づけは、デスクの上と引き出し内に整理・収納していきます。ポイントは次の通り。

・毎日使うモノ：机の上に形跡管理の指定席

毎日使うモノは、デスク上に「**形跡管理**」していきます。形跡管理とは、モノを置く場所に、モノと同じ形にくり抜いたスポンジ等の台を設置したり、同じ絵を貼ったりして、迷わず戻せるようにする方法です（詳しくは本章5章）。

型をくり抜いて、その備品の指定席をつくるので、大きさや形が違う他のモノは自然と座れないしくみになります。目の前に指定席があるので、元に戻すときに、戻す場所を探す面倒もありません。

出社時にモノを引き出しから出す準備から、退社時に引き出しの中に戻す後片づけまで、毎日の作業でモノを探す時間がなくなると、年間で動作と時間の大きな削減につながり、作業効率化が図れます。

また、それぞれの戻すべき場所に、戻すべきものの写真を貼っておく「**姿絵管理**（すがたえ）」という方法もあります（詳しくはColumn4参照）。

・週1回程度使うモノ：引き出し1段目で形跡管理

毎日使わなくても、週1回程度使うモノは、一番近いデスクの1段目の引き出し内で形跡管理すると、探しやすく戻しやすい、散らからない引き出しになります。

・流動的なモノ：引き出し2段目の自由席へ

あまり使わないけど、いざというときに必要で、そばにあると安心なモノは、デスクの2段目の引き出し内に仕切りケースなどを使って収めましょう。形跡管理より散かる確率は高いですが、型を固定しない分、中に入れる物を自由に決められます。

・書類：必要なモノだけ1カ所で管理

取りかかり中の書類はデスクにあると便利ですが、職場の書類はすべて会社の情報資産。個人にしかわからない状態で管理するのは避けたいところです。

自分が不在時でも共有できるようにデスク上のボックスで管理するか、引き出し内であれば、みんなが見てもいいように「共有」と表示しておきましょう。

できあがりをイメージしよう

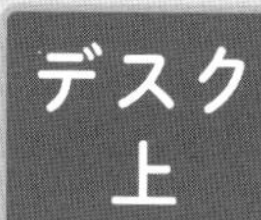

姿絵管理

形跡管理

1段目引き出し

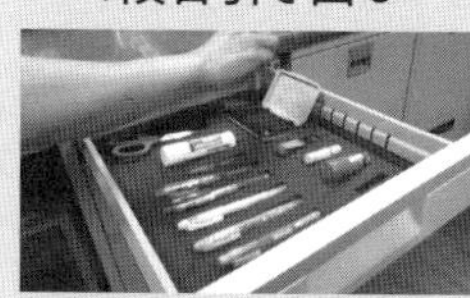

2段目引き出し

3段目引き出し

4 モノを全部出し、分類しよう

●とにかく1カ所に全部出す

それでは本項から、具体的なデスクの片づけの方法について、見ていきましょう。

まずは、デスクの「整理」から始めましょう。デスクの上、引き出しの中のモノを全部出します。このとき、**とにかく何も考えずに1カ所に出す**のがポイントです。場所が確保できなければ、カゴなどを数個使用して出していきます。

●掃除の準備をしておくと◎

せっかくモノを全部出したので、このタイミングでデスク上と引き出し内の汚れを拭き取りましょう。

汚れがひどい個所は、100円ショップなどで手に入るメラミンスポンジを水に濡らして拭くと、簡単にきれいになります。

全部出した後のこの一瞬だけが、デスクにモノがない状態になるので、最初から掃除用具を用意しておくとスムーズに進みます。

●モノを分類する

デスク上、引き出し内に何を置いて、何が不必要かを分類します。個人スペースに不必要だと判断したモノは、共有スペースに移動するか自宅に持ち帰ります。付箋などに分類項目をメモして分けていくといいでしょう。

たとえば、次のような分類ができます（分類は必要に応じて項目を追加してください）。

①毎日使用しているモノ：デスク上
②週1回程度使用しているモノ：1段目の引き出し
③年1回程度使用しているモノ、共有スペースから持ってきて返してないモノ：共有スペース
④私物：毎日使うモノ（ハンドクリームなど）以外は持ち帰り
⑤廃棄するモノ

②はもう一度見直すと、さらに不必要なモノが見え、量が減ることがほとんどです。再チェックしたあと、残ったモノを収納していきましょう。

デスクの中のモノを全部出し、分類しよう

伝票等、書類以外のモノをすべて出す

⬇

ざっくり項目を決め、メモや付箋を使って分類する

①	②	③	④	⑤
		共有	私物	
毎日使用	週1使用	年1使用	持ち帰る	廃棄

① → デスク上へ

② → 1番目引き出しへ

POINT

私物でも、よく使うハンドクリームなどは持ち帰らず、身近に収納。

5 デスク上・引き出し1段目は形跡管理でモノを置く

●シートをくり抜き、型にはめる管理

デスク上や引き出し1段目は、「形跡管理」でモノの固定位置をつくります。

まずは、第1章6項でも紹介した「**5S管理シート**」を用意します。

シートにミシン目が入っていて、カッターを使わなくても手でブロックをくり抜くことによって簡単・自由に型取りができます。

型抜きのコツは、**モノを型にはめても取り出しやすいかどうか**です。シートの厚みより薄いモノを型に入れてしまうと取り出せなくなってしまうので工夫が必要です。例えば、次の通りです。

- **付箋**……最後の1枚になっても、指を入れて取り出せるように、付箋の外側のブロックをくり抜く。
- **ペン**……取り出しにくい場合は、ペンの長さより1ブロック小さめに型抜きし、ペンを浮かせて取り出しやすくする。ものさしも同様。

一度シートの上でレイアウトし、モノの場所が決まったら、ブロックを手でくり抜きます。そして、利き手で取り出しやすい位置にモノを配置します。

表示をすると、さらにモノが探しやすく戻しやすくなります。手でくり抜けるので、おおよそ1時間もかからず簡単に完成します。一度つくってしまえば、その瞬間から出しっぱなしでも片づいているデスク上になりますよ。

●同じ絵の上に置く姿絵管理

モノの写真の上に置く「姿絵管理」という方法もあります。

まず、コピーしたい面を下にしてカラーコピーします（コピー機のフタは閉まらなくてもOK）。コピーした画像を切り取り、ラミネートします。

そして、両面テープで置きたい場所に貼ると、姿絵管理の完成です（詳しくはColumn4参照）。

形跡管理

①2枚のシートが入っている

②レイアウト決定後、モノの形に合わせてシートのブロックをくり抜く

③すべてくり抜く

ペン先を浮かす

指を入れるスペース

④表示して、できあがり！

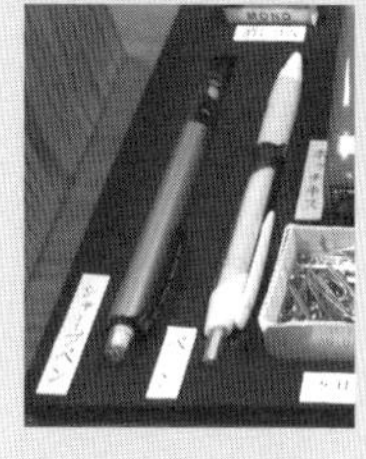

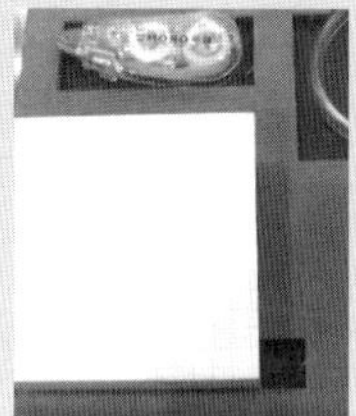

姿絵管理

①コピー機で同寸大にコピーしたマウスの画像を切り取る

②ラミネートし、裏面に両面テープ

③置きたい場所に貼る

④使わないときは、モノを絵の上に戻す

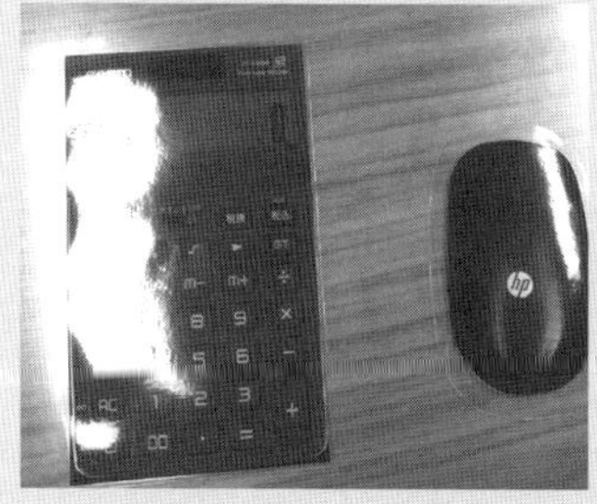

6 引き出し2段目は流動的なモノを置く

●柔軟に対応できるスペースにする

毎日使うモノはデスク上、週1回程度使うモノは1段目の引き出し内で形跡管理したら、半永久的に整う状態が維持できるようになりました。

しかし、仕事で使うモノには流動的なモノが存在します。業務の内容が変われば、その時々によって必要なモノも変わります。こういったモノは固定される形跡管理には向きません。

2段目は流動的なモノの置き場にすることで、業務の変動に柔軟に対応できるスペースとなります。

●四角く収納するのがポイント

何もないスペースにモノを管理するときの基本は四角く仕切ることです。丸いケースや楕円形、角が丸いケースなど不揃いなケースを使うと、それだけで散らかって見えます。また、ケースとケースの間にスキマができるので、細かいモノが落ちてしまい、散らかる原因にもなります。モノを入れるためのケースは四角いモノを使用しましょう。

●積み重ねない、立てて収納しよう

モノは積み重ねると、下に何が入っているのか見えなくなってしまいます。いざ必要なときに、近くにあるはずなのに見つけられないことほど、非効率でむなしいことはありません。

できる限り引き出しを引いたら、上から見て、すべてのモノを確認できるように立てて入れましょう。立てられないモノは、寝かせて見やすいようにしましょう。

●余ったスペースは埋めず、待機空間にする

「引き出しの余ったスペースには何を入れたらいいでしょうか?」と聞かれることがあります。答えは「**何も入れなくていい**」です。

必要のないモノをわざわざ無理して入れることはありません。いつか別のモノを入れる必要ができたときのために、空間として待機させましょう。

中身が変わる可能性のある収納のポイント

☑ 四角く区切ろう
☑ 積み重ねない、立てて収納しよう
☑ 余ったスペースは、埋めずに待機空間にする

7 書類の整理の仕方

全部出して撮影・計測

基本的に、職場で発生する書類は、すべて職場の情報資産です。左ページの事例では、デスク上や４つの引き出しなど、書類を1人で5カ所も使って管理していましたが、基本、会社の情報資産である書類は個人持ちはNGで、共有スペースでの管理が必須です。

しかし、多くのオフィスでは、取りかかり中の書類を個人デスクで管理して、デスク上が書類で山積みになっている現実があります。本項では取りかかりが終わるまでの応急処置として、個人エリアでの管理についてお伝えします。

手順としては、まずデスクや引き出し内のすべての書類を1カ所にまとめて出して、総サイズを測りましょう。事例では、ファイルを含め、書類が陣取っていた長さは１３６㎝でした。ブックスタンドに立てると計測しやすいです。ここでも、ビフォー画像を撮っておきましょう。

3つの目的に分類する

書類は、次の３つに分類していきます。

①取りかかり中：デスクに残す書類は取りかかり中か、よく使う書類だけにして、不在時でも共有できるよう表示を徹底しましょう。事例では、１３６㎝のうち6㎝だけが残りました。取りかかりが終了すれば、共有スペースに戻しましょう。

②共有スペースに戻す書類：①以外の書類は、原本のみ共有スペースに管理される状態がベストです。会社の予算で参加した研修資料などは、個人デスクに眠っていては共有・活用の機会を逃します。**紙と思わず情報資産と考え**、眠らせずに活かしましょう。事例では40㎝が共有スペースへ移動する書類でした。

③廃棄書類：基本的に、職場には原本のみ保管、保存がベストです。複写や保管期間が終了している書類は不必要なものです。廃棄前には、法定保存年限や社内規定も考慮して、上司に確認のうえ、判断をするとよいでしょう。事例では90㎝が廃棄と判断できました。

デスク周りの書類整理（例）

①ビフォー画像を撮ろう

個人デスク全体の書類スペース

実際の引き出し内の書類

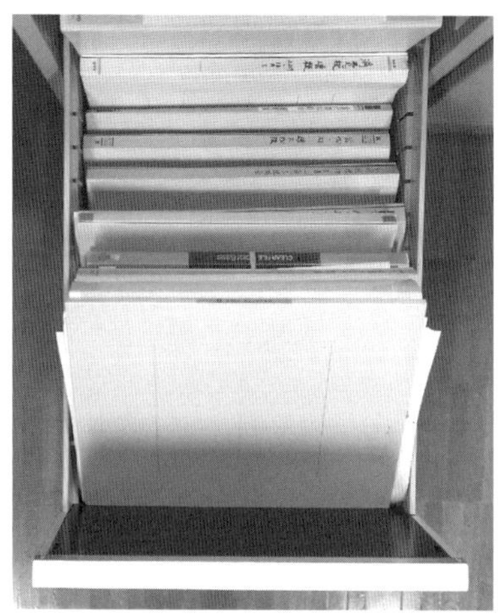

②ブックスタンドを利用し、すべて出して計測

136cm

③3つに分類

➡ 実際にデスクに必要な書類はたった6cmだった

1.取りかかり中で、自分のデスクに一時的に残す書類……6cm

2.共有スペースに戻す書類……40cm

3.廃棄する（すでに役目を終えている）書類……90cm

8 必要な書類だけ収納しよう

●バーチカルファイリングをやってみよう

書類の収納方法としては、「**バーチカルファイリング**」がおすすめです。バーチカルファイリングとは、文書をフォルダに挟み、カードのように垂直に立てて並べる方法です（Column5参照）。

メリットはリングファイルのように背幅に左右されず、必要な文書の幅しかスペースを取らないこと。文書をパンチで穴をあけることなく、そのまま挟んで入れるだけなので簡単です。また、見た目にも統一感が出てきれいに管理することができます。

綴じ具で止めたい場合も、対応可能。動作も簡単なので、作業効率化につながります。

●個別フォルダに挟んでいく

リングファイルと書類で136cmあった書類。うち、廃棄書類は90cmで、残った46cmはとりえあず個別フォルダに挟んでいきました。

1つのフォルダに20～80枚の書類を挟みます。**1フォルダにつき約1cmの書類量**が目安です。

●タイトルをつける

今まではタイトルがなかったり、自分にしかわからないようなタイトルをつけていたかもしれませんが、これからは**誰が見てもわかるタイトル**をつけましょう。

たとえば、デスクに残したい6cm分の書類。これまでは背幅の広いリングファイルに「研修関係」とタイトルをつけていたとしましょう。この6cmが、6つの内容の違う研修の書類の場合、個別フォルダを6枚利用して、各研修ごとにフォルダ化することが可能になります。具体的な研修のタイトルを明記できるので、必要なときにすぐに取り出すことが可能になります。

また、1枚の書類を探すのに、リングファイルのようにすべての書類を持ち出さなくても、約1cmの個別フォルダを出すだけで済むので、動作の負担も減り、戻す作業が面倒になることも回避できます。

リングファイルから個別フォルダ化へ

①廃棄以外の書類をフォルダに挟む

個別フォルダ

見出しガイド

②一時的に残したい書類6cm分をフォルダ化。タイトルをつけて完成

引き出しに「共有」と表示

③デスク上に出しっぱなしにしたい場合は、ファイルボックスやブックスタンドを使用

9 フリーアドレスの片づけ方

毎日使う備品は近くに待機

フリーアドレス制度を導入している職場には、個人デスクや引き出しがありません。パソコンと一緒に個人バッグや備品ポーチを個人が持ち歩くので、ロッカーからの荷物の出し入れ動作が発生します。

①ロッカーのカギをあける
②ロッカーの扉をあける
③ポーチを取り出す
④ロッカーの扉をしめる
⑤ロッカーのカギをしめる
⑥デスクに持って行く
⑦ポーチのファスナーをあける
⑧使う備品を取り出す
⑨使った備品をポーチに戻す
⑩ポーチのファスナーを閉じる
⑪ロッカーまで持って行く
⑫ロッカーのカギをあける
⑬ロッカーの扉をあける
⑭ロッカーのカギをしめる

なんと、合計14の動作にも及びます。この毎日の動作を回避できれば、年間で多くのムダが削減されます。

配置を工夫する

ほしい備品がすぐに使えるように、イスに座ったまま振り向いたとき、背面や近くにあるキャビネットの手の届きやすい位置に備品を形跡管理や姿絵管理すると、「出しっぱなしなのに、常に整った状態」で待機可能になります。

キャビネットがない職場では、キャスター付きワゴンを利用するといいでしょう。ワゴンの上で必要な備品を形跡管理することで、自分のそばにワゴンを配置すれば備品をすぐに取り出せます。

また、複数の人がそのワゴンを共有できるので、同僚も備品が取り出しやすくなり、自分以外の人にも貢献できる環境がつくれるでしょう。

フリーアドレスは、
毎日使う備品を近くに待機させよう

デスクの上は常に何もない状態

イスごと振り返れば、毎日使うモノがその場で
使えるように出しっぱなしできれいに待機

10 その場で使えるレイアウトの工夫

●レイアウトは実際に使ってみてから最終決断する

毎日使う備品は、座ったままで取り扱いやすい高さに形跡管理します。ポイントは、単に形跡管理するだけでなく、**シートに備品を乗せたまま使えるように配置する**と、備品を取り出すことなく、そのままの状態で使えます。

いくつかモノ別に例を紹介しましょう。

・付箋やメモ

付箋などめくる備品は、最後の1枚まで取れるように1ブロック多く外すなど、指を入れやすいように工夫しましょう。

付箋にメモを書きたい場合は、付箋を取り出しデスクに持って行くのではなく、その場で書き込めるように配置し、ペンも近くにセットします。シートから取り出してデスクに持って行き、使い終わったら戻す……といった動作が回避され、動作数が軽減されます。

・穴あけパンチ

穴あけパンチも、くり抜いたシートから取り出さなくても、その場で紙をセットして穴あけができるように配置します。紙をセットする空間も必要になるので、レイアウトは使うときのシチュエーションを想像し、実際に試してから決めましょう。

・セロハンテープやのり

セロハンテープやのりは、その場で使えるように作業スペースを近くに設置するのがおすすめです。いちいちデスクまで戻らなくても、その場でしたい作業がすべて完結します。

フリーアドレスなど、デスク上以外の場所でよく使うモノを管理している場合は、ただ待機させるのではなく、その場で使うときを想像してシートの上に備品をレイアウトしましょう。

・テプラ

大きいテプラは姿絵管理を利用して配置しましょう(詳しくはColumn4参照)。コンセントを差し込んだ状態でセットし、使用する際にコンセントの電源ボタンを押せば、表示がすぐにできます。

すぐに使えるレイアウトの工夫

背面のキャビネット上に待機

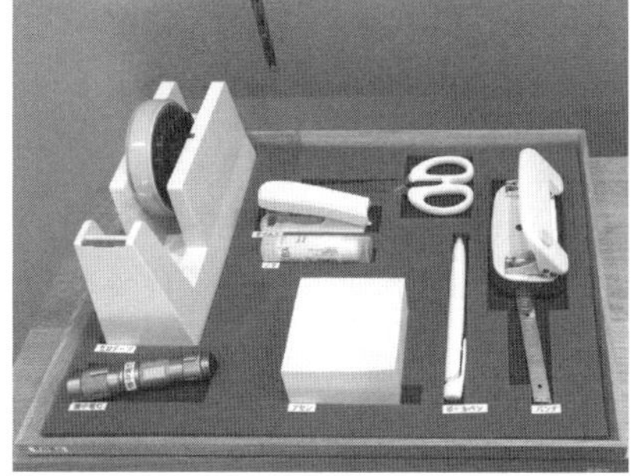

パンチもその場で使えるようにレイアウト

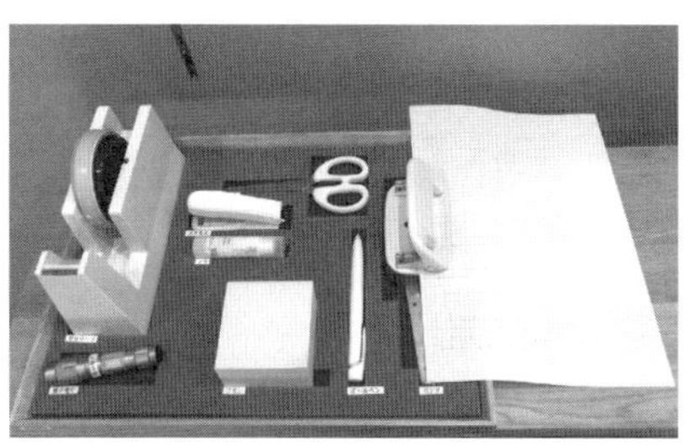

型に入らないテプラは姿絵の上に待機

引き出して、すぐに使える

モバイルバッテリーもすぐに充電

PC、テプラ、モバイルバッテリー、
コピー機電源

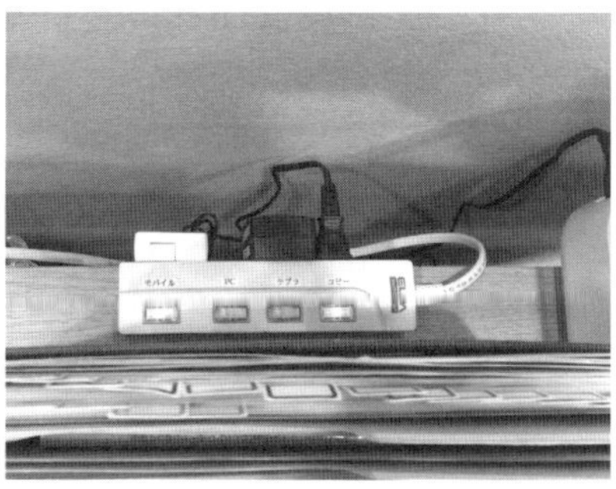

11 急なオンライン会議に備える「オンラインセット」

●セットで待機しておけば慌てない！

メールや電話で説明がしにくく時間のかかることも、オンライン会議で実物を見ながら話したら、あっという間に伝わったという経験がないでしょうか。

私もメールでやり取りしている最中に、お互い話が理解できず、「もし、今ご都合がよければオンラインでやり取りしませんか？」となる場合があります。

事前に約束をしていたのであれば、オンラインに必要なノートパソコンスタンドやマイク付きヘッドホンなどをあらかじめ準備しておけるのですが、急きょ行なうオンライン会議は突然のこと。外部の音を遮断してくれるヘッドホンマイクを見つけられなかった場合、道路を走る救急車や、近所の犬の泣き声など外部の音が入り込んで、聞き取りにくい状況が発生することもあります。

さらに、画面に映った自分の髪型が乱れていることを画面越しで気づき、ずっと気になって議題に集中できず、手ぐしでなんとか髪型を整えようとするも触れば触るほど乱れていく……といった苦い経験をしたこともあります。

クシャミをしたときに、鼻水が垂れてきたけれど近くにティッシュがなく、鼻をすすって乗り切ったというケースも。

必要なモノは人それぞれですが、「**オンラインセット**」として最初から待機させておけば、急な会議にも対応できます。

●トレイに入れれば持ち運び自由

左ページのように、オンラインセットをトレイに入れて管理しておけば、持ち運びも自由になり、職場の中でも顔映りがいい場所や、背面がきれいな場所に移動することができます。

これまで何に困っていたかを思い出すと、待機に必要なモノがわかります。焦りや不安を収納のメリットを使って解決していきましょう。

オンラインセットはトレイで管理

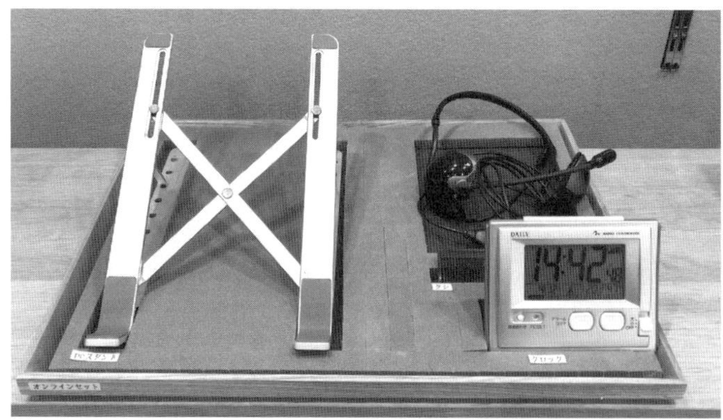

POINT

- 滑らないトレイ使用で持ち運びも便利
- 髪型が乱れていることを想定してクシも待機
- 時計を置くことで、腕時計を見ずに時間を確認できる（発表なども持ち時間が与えられていた場合、時計があると時間を確認できる。相手には気づかれず話に集中してもらえる）

Column 4

姿絵管理のつくり方

すべてのモノに表示をつければ、誰もが探しやすく、戻しやすくなります。業務効率化を図るために、使用頻度の高いものは**姿絵管理**で常に待機させましょう。下記は、コンサルティングの現場でもよく質問を受ける姿絵管理の具体的なつくり方です。

ちなみに、この例で取り上げたのはラベルプリンターの「テプラ」（キングジム）です。表示の習慣がつくと、テプラの使用頻度は高くなります。姿絵管理で、きれいに出しっぱなしにしましょう。

例：テプラ

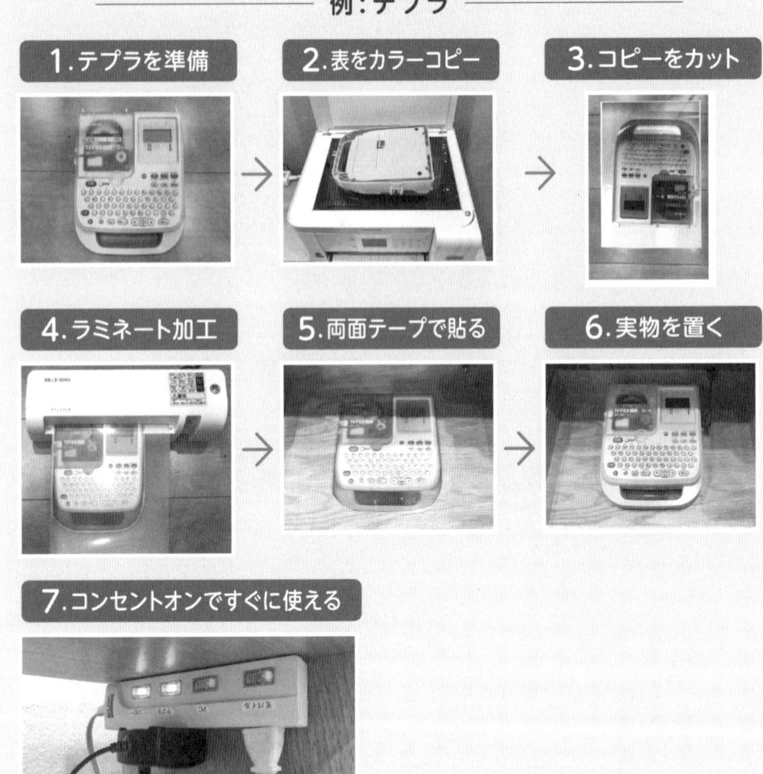

1.テプラを準備
2.表をカラーコピー
3.コピーをカット
4.ラミネート加工
5.両面テープで貼る
6.実物を置く
7.コンセントオンですぐに使える

第5章

安全安心な
環境をつくる!

オフィス全体の片づけ

1 オフィス全体の片づけは計画的に進めよう

●まずは上司や仲間の共感を得ることから

個人スペースの片づけがうまくいったら、次にオフィス全体の片づけに挑戦しましょう。

個人活動で明らかに作業効率がアップしたと体感したら、共有スペースも取りかかったほうがいいと考えるようになります。

個人の活動に共感して、上司や仲間のほうからオフィス全体でもやってみようとなれば話は早いのですが、こちらからアクションを起こさないと誰も動きそうにない場合は、無理に活動に持ち込むより、共感を得られるような提案が必要になります。

そのときに気をつけたいポイントは次の通り。

・時間をつくろう

どのくらいの人数で、どのくらいの時間をつくれるのか、ある程度決めて実践しましょう。毎日10～15分整理の時間を設けるだけでも、不必要なモノをどんどん取り除くことができます。

大がかりに棚を移動したりする場合は、数時間まとめて時間を取れるように計画的に進めましょう。

・人を巻き込もう

ひとりで音頭をとるのは大変です。上司や仲間と相談してリーダーを決めたり、上司に適任者を決めてもらったり、率先して動いてくれるメンバーと片づけ委員会などチームを組むのもいいでしょう。

・目的を共有しよう

「何のために片づけをするのか」を明確にしておきましょう。個人のデスク周りの片づけでは、自分の働きやすさを求め、たくさんのムダをなくすために業務効率化を図りました。同様に、オフィス全体では従業員全員が働きやすい環境にするために片づけを行ないましょう。

働きやすい職場は業務効率化以外に、ケガなどしないように安全な環境にすることも大事です。

さらに大事なのは、人間関係です。人の意見を真摯に聴くことや、自分の意見をきちんと伝えること、その中で何が会社とっていいかを話し合えることが大事です。

みんなで話し合い、計画的に進めよう

時間の確保

- どのくらいの人数で、どのくらいの時間をつくれるのか？
- 毎日 10 ～ 15 分でも成果が出る
- 大がかりな片づけは数時間ほど取れるように計画的に進める

メンバーの確保

- リーダーを決める
- 上司に適任者を決めてもらう
- 片づけ委員会などを組む
- 議論が必要になるが、いろんなアイデアも出るようになる

目的の共有

- 「何のために片づけをするのか」を明確にする
- 従業員全員が働きやすい環境にするため
- 安全な環境にするため
- 何が会社にとっていいかを話し合える人間関係をつくる

2 最初は個人スペースからスタートしよう

●個人スペースから取りかかるメリット

オフィス全体の片づけにやみくもに取りかかるより、まずは各自が自分のデスクやエリアから整理・収納をすることをおすすめします。

複数の人がいれば、実践したい場所についても意見が違ってきますが、まず個人スペースからトライすべき理由は、次の2つのメリットがあるからです。

メリット1　共有備品の本来の量が明らかになる

各個人が自分のデスクの引き出しなどの個人スペースに、共有スペースから持ってきた備品をそのまま戻さず抱えている場合があるからです。

今使っているモノ以外を出そう、と声かけをすると、大量に備品が戻ってくることが多いです。まずは各個人が、あなたと同じように自分のスペースから共有備品を戻すことで、どれくらいの備品がオフィス全体にあるのか見た目で把握できるようになります。

量が把握できれば、それぞれのアイテムにどれくらいの収納スペースが必要か、ある程度判断ができるようになります。

逆に、先に共有スペースの整理・収納を仕上げたあとで個人スペースに取り組むと、そこでたくさんの備品が戻ってきた場合、共有スペースに入らなくなり、やり直しになってしまう可能性があります。

メリット2　共感してくれる人が増える

個人スペースの片づけのよさを実感すると、作業効率化を体感でき、オフィス全体の片づけにもトライしたくなります。

会社の全員でなくても、1人でも2人でも共感してくれる人がいると心強く、一緒に進めやすくなります。みんなで実践するときに、説明が難しいと感じたら、本書を活用しながら必要な項だけ共有すれば伝えやすくなるでしょう。

何より、あなたがつくった実際のデスク周りの収納を見てもらうことで、できあがりをイメージできて取り組みやすくなるでしょう。

料金受取人払郵便

神田局承認
7635

差出有効期間
2024年4月30日まで

郵便はがき

101-8796

511

(受取人)
東京都千代田区
神田神保町1－41

同文舘出版株式会社
愛読者係行

毎度ご愛読をいただき厚く御礼申し上げます。お客様より収集させていただいた個人情報は、出版企画の参考にさせていただきます。厳重に管理し、お客様の承諾を得た範囲を超えて使用いたしません。メールにて新刊案内ご希望の方は、Eメールをご記入のうえ、「メール配信希望」の「有」に○印を付けて下さい。

図書目録希望	有	無	メール配信希望	有	無

フリガナ お名前		性別 男・女	年齢 才
ご住所	〒 TEL ( ) Eメール		
ご職業	1.会社員 2.団体職員 3.公務員 4.自営 5.自由業 6.教師 7.学生 8.主婦 9.その他( )		
勤務先分類	1.建設 2.製造 3.小売 4.銀行・各種金融 5.証券 6.保険 7.不動産 8.運輸・倉庫 9.情報・通信 10.サービス 11.官公庁 12.農林水産 13.その他(		
職種	1.労務 2.人事 3.庶務 4.秘書 5.経理 6.調査 7.企画 8.技術 9.生産管理 10.製造 11.宣伝 12.営業販売 13.その他( )		

愛読者カード

書名

お買上げいただいた日　　　　年　　月　　日頃

お買上げいただいた書店名　（　　　　　　　　　　）

よく読まれる新聞・雑誌　（　　　　　　　　　　）

本書をなにでお知りになりましたか。

. 新聞・雑誌の広告・書評で　（紙・誌名　　　　　　）

. 書店で見て　3．会社・学校のテキスト　4．人のすすめで

. 図書目録を見て　6．その他（　　　　　　　　　　）

本書に対するご意見

ご感想

- 内容　　良い　　普通　　不満　　その他（　　　　）
- 価格　　安い　　普通　　高い　　その他（　　　　）
- 装丁　　良い　　普通　　悪い　　その他（　　　　）

どんなテーマの出版をご希望ですか

<書籍のご注文について>

直接小社にご注文の方はお電話にてお申し込みください。宅急便の代金着払いにて発送いたします。1回のお買い上げ金額が税込2,500円未満の場合は送料は税込500円、税込2,500円以上の場合は送料無料。送料のほかに1回のご注文につき300円の代引手数料がかかります。商品到着時に宅配業者へお支払いください。

同文舘出版　営業部　TEL：03－3294－1801

全員の個人スペースから整理しよう

【例】6人いるオフィスで
1人10個、共有スペースに備品を戻すと……

6人×10個＝60個

共有スペースに60個も戻ってくる!

戻ってきた備品は、共有スペースで
「秒で出せる・戻せる」ように収納

柱をうまく
活用した
共有スペース
の例

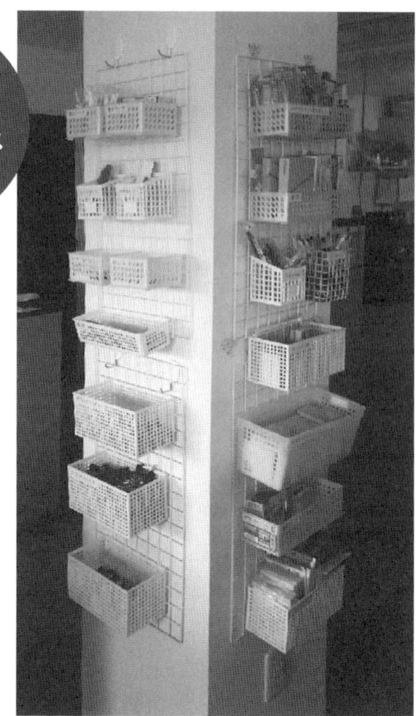

みづほ工業株式会社オフィス内

※画像提供：「整理収納アドバイザー基礎講座」 テキスト
（特定非営利活動法人 ハウスキーピング協会）

3 キャビネットの活かし方

安全な配置

多くのオフィスでは、部屋の中央にデスクがあり、デスク周りの壁面に沿ってキャビネットが配置されています。デスクの背面にキャビネットがある場合、安全安心を考えると、次の方法から叶うものを選択しましょう。

①背の高いキャビネットは転倒防止処理をし、キャビネットの上にはモノを置かない
②腰高のキャビネットに替える
③よく使うモノは扉がないタイプを使用
④掃除しやすいように底板は床から15㎝あける
⑤地震時に転倒した場合、出入り口をふさがない場所に設置

キャビネットは、みんなが一番使う共有スペース。まずは現状を見渡し、写真に収め、配置を見直しましょう。新人でもほしいモノがすぐに見つけられるように分類・表示し、誘導できる収納が目標です。どんなに取り出しやすい収納法を取り入れても、危険が伴えば本末転倒です。一度、今の状況を見直しましょう。

分類と表示で誰もがわかるように

第3章8項でもお話ししましたが、スーパーでは初めて買い物に訪れた人でもほしいモノが自分で探せるように分類・表示が徹底されています。オフィスも同じようにすれば効率的です。同じペンでも、赤ペンはキャビネットのカゴの中、ホワイトボード用ペンは書類ケースの1段目の引き出しなど、同じアイテムなのに違う個所に収納していては、必要なときに誰も探せません。

大分類を「文具」、中分類を「ペン」、小分類を「赤ペン」と分類できるでしょう。キャビネットの扉に「文具」、中のケースに「各種ペン」と表示すれば、引き出しをあければ、赤ペンにたどり着けます。

たとえば工具、ＯＡ機器、掃除用具、配線、救急用品などアイテム別に収納してみましょう。定位置をつくるまでもなく**一時的に必要なモノは、あえて〝とりあえず置き場〟を設けることで、適当に置かれることを回避する**ことができます。

キャビネットの配置は高さを見直そう

モノを収める箱が危険に繋がらないように安全を先に確保しよう

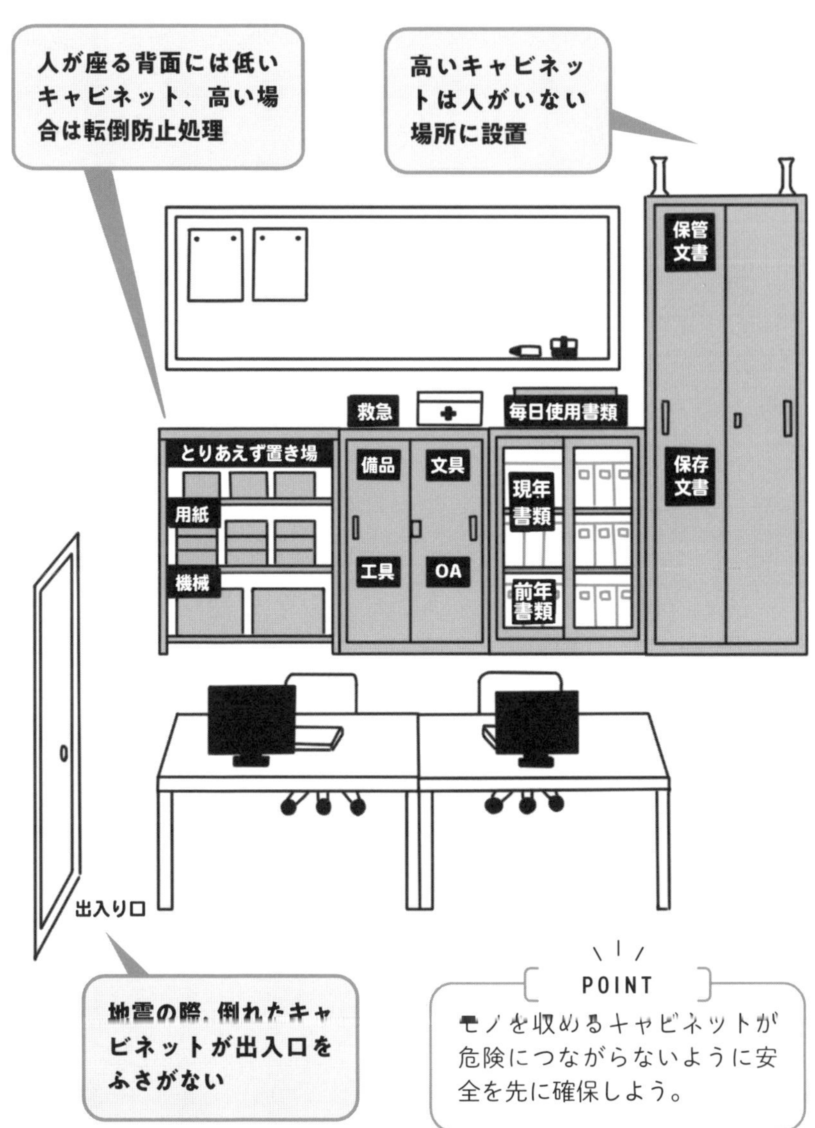

4 大きなケースにざっくり分類して管理する

共有備品が少ない場合

書類ケースのように引き出しにアイテム別に分けて入れてもモノ自体が少ない場合、各ケースがスカスカでスペースばかり取られてしまいます。

共有スペースの備品と一口にいっても、その範囲はとても広いです。まずは文具・工具・OA機器など、ざっくり分類をすることから始めましょう。

引き出しの空間を自由に仕切れるトレイを使用することで、個々の備品の大きさに合わせて収納が可能になります。この方法のメリットは、**引き出しを引くアクションが1回だけ**ということ。**上からすべてのモノが見渡せるので見つけやすく、全体にどんなモノを管理しているのかまで記憶に残る**ようになります。

仕切りトレイで見やすく区切ろう

左ページでは、100円ショップで購入できるイノマタ化学のキッチントレイを使用しています。スリムタイプには仕切りが2枚、ワイドタイプには仕切りが1枚ついていて、備品の長さや大きさに合わせて空間をカスタマイズできるのでおすすめです（100円ショップは商品のサイクルが速いので、自分が使いやすい商品を探しましょう）。

仕切りに表示ができるので、トレイ内での場所移動も仕切りをずらすだけでよく、扱いやすくなります（第6章1項の図参照）。左ページではプラスチックケース内にトレイを使用していますが、キャビネット内の棚板にそのままトレイを置いて管理も可能です。

引き出し内でトレイが動く場合は、クッションテープを使用すると固定でき、崩れる心配がなくなります。

適量を決め、発注漏れをなくそう

在庫を抱えすぎず、最低限の量で管理スペースを減らしましょう。

トラブルが発生したときや、物流がストップした場合に作業が停滞しないように、少しだけ余裕のある在庫量を適量とするのがポイントです。

共有備品：大きなケースで分類管理

ざっくり5つの引き出しに分類

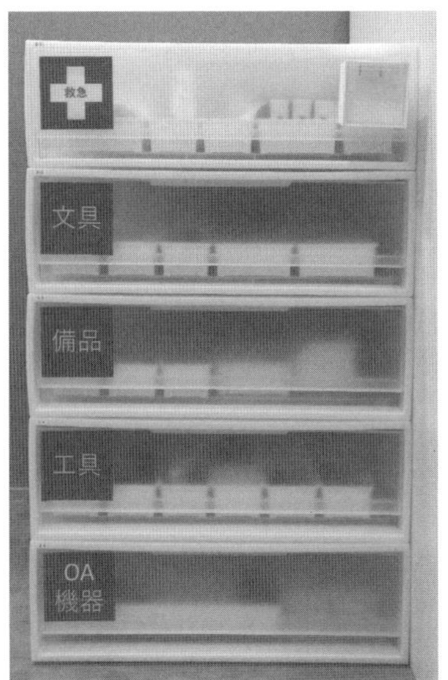

クッションテープでズレ防止

キッチントレイ（イノマタ化学）

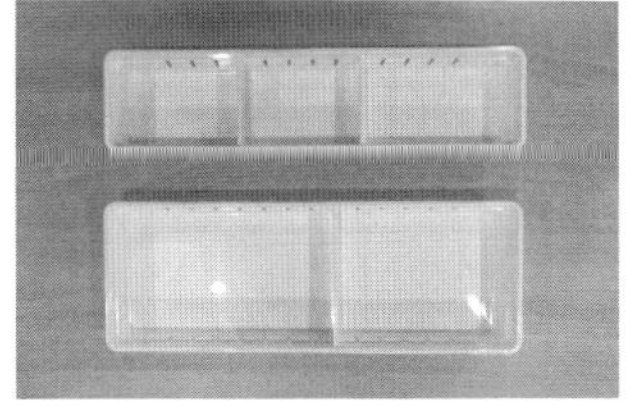

在庫過多・
発注漏れを防止

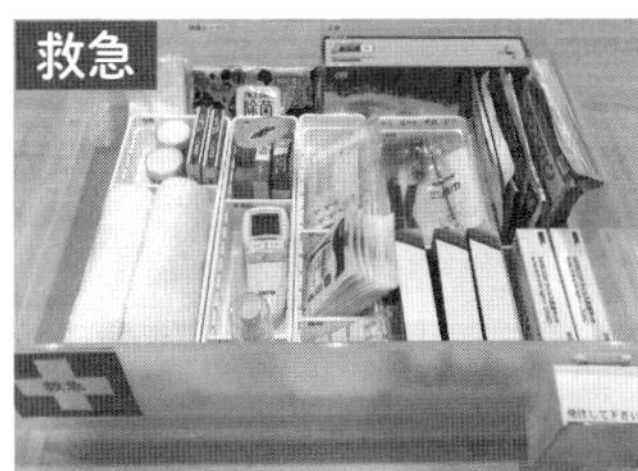

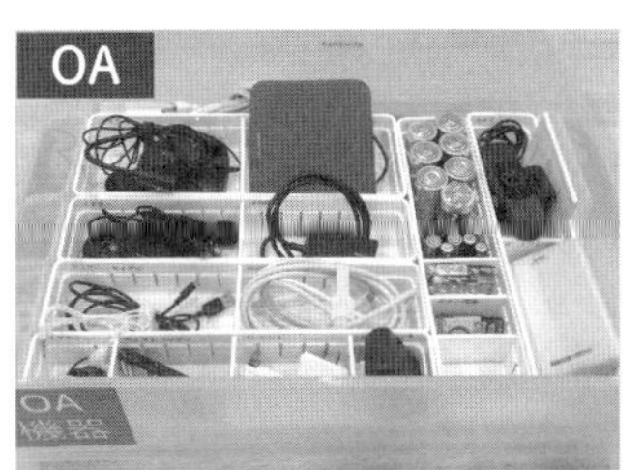

5 小さなケースで細かく分類して管理する

●1つのアイテムの量が多い場合

同じペンが大量にあるなど、そのアイテムだけで1つのケースに管理したい場合があります。前項のように、いろんなモノを1つのケースにまとめる方法が向かない場合です。

全体で見たときに探しやすいよう、左ページのように用途別に色分けシールを貼ると、誰もが探しやすくなります。

●表示の工夫で探しやすくしよう

左ページの事例は、幼稚園の備品です。幼稚園では、学年によって制作物や授業で使用する備品が異なります。また、年1回の運動会や発表会などイベントも多く、衣装や装飾など多種多様な備品を必要とします。

職員は常に目の前の子どもたちがケガなどしないように細心の注意を払いながら、業務を日々こなしています。あいた時間に作業しないと日が暮れてしまうので、計画的に効率よく業務をこなすことが求められます。

作業に必要な備品がすぐに探せないと、すべての業務が押してしまい、全体に影響します。たかが備品1つの管理も、誰もがすぐにたどり着けるような管理法でなければ、探すだけで時間が終わってしまいます。

働きやすい現場にするには、必要なモノたちがすぐに使えるように表示を工夫しましょう。

①文字で何が入っているか、わかるように表示
②色でどの分類かわかるように表示
③画像で何が入っているかわかるように表示

●発注カードをつくろう

最後の備品を使った人が、発注担当者にそのことを伝え忘れると欠品状態になり、いざ誰かが必要なときに業務がストップしてしまいます。

必要な在庫量を明記した**発注カード**を使うことで、伝え漏れ、発注漏れを回避でき、常に必要な備品を必要な量だけ待機させることが可能になります。

共有備品：小さなケースで分類管理

全体からまず色で分類を見分け、ほしいモノにたどり着く

適量を決め、欠品を防ぐ

画像と文字でわかりやすく表示

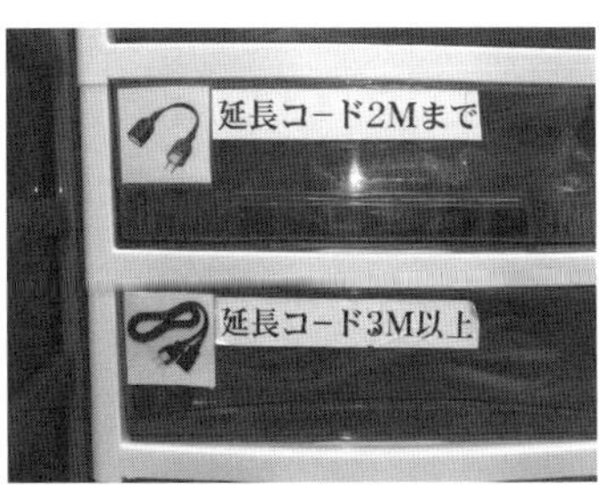

引き出しに入らない大きいモノは
文字や画像で表示、そのまま置く

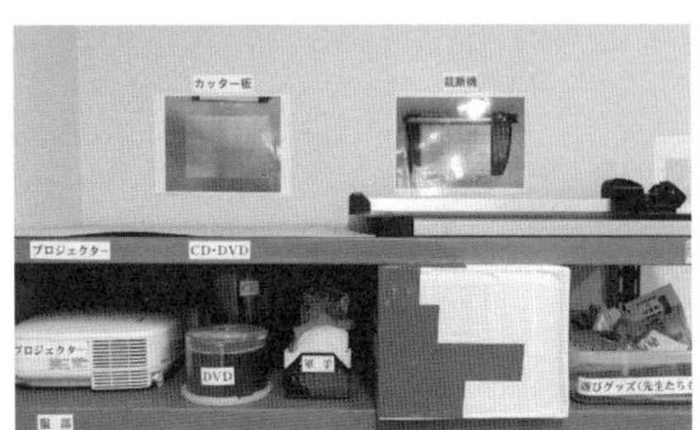

6 共有備品 紙類の管理

まずは個人エリアから取り出そう

個人デスクを整理すると、各個人が引き出し内に伝票や封筒などのストックを所有し、中には折れ曲がってい たり劣化したりと、その存在すら忘れて抱え込まれてい るモノが多く見受けられます。

折れ曲がったモノをお客様に送るわけにもいかず、か といって捨てることもできず……。結局、しまい込んだ まま、何年も経っているということも。

まずは、**なんとなく個人でストックしていた紙備品を各個人デスクから取り出して、共有スペースで一括管理**しましょう。

個人で所有してしまう理由として、担当者にもらいに行くのが面倒だったり、作業を中断させられたと嫌な顔をされるので担当者に頼めないから、ということが挙げられます。そのため、個人デスクに「念のため」といってストックするようになってしまうのです。

劣化を防ぐ「先入れ先出し」管理

発注担当者しか、その在庫場所がわからない管理だと、誰もが必要なときに手に入れることができません。特に、保管されているのが、担当者の背面にある扉付きのキャビネット内だったりしたら、勝手に取り出しにくいもの。もし担当者不在であれば、必要なモノが手に入るまで作業がストップしてしまう、なんてことにもつながります。

みんなが使う伝票や封筒などの紙類は、誰もが通る動線に、全体の在庫が一目でわかるように**見える形で待機**させましょう。そうすれば、それぞれが必要な分だけ取りに行き、余れば戻すということが気兼ねなくできるようになります。

紙類は折れ曲がらないように平たく重ねて管理することが多いですが、新しく仕入れたモノは、重ねた一番下に保管するようにします。先に仕入れた古いモノから消化し、保管する期間を短期間に押さえて劣化を防止する**「先入れ先出し」**という方法です。

共有備品：紙類

折れ曲がらないように平たく重ねて管理

古いモノを先に消化するために、新しいモノは下に入れる。
重ねすぎに注意

POINT

ここに来れば、自分で必要なモノが手に入る！

7 共有備品 ホワイトボードの管理

常にすぐに使えるボードを目指そう

よく研修先のホワイトボードを利用すると、マジックのインクがなく、取り替えをお願いすることがあります。この時点で、業務のタイムロスが発生します。大げさに言えば、議論がそこで中断し、改善を話し合う機会を損失することもあるのです。

ホワイトボードはお知らせをしたり、アイデアをすぐに文字や絵で書き留めたりと、とても大事な役割を果たす道具です。ホワイトボードが常に整っているということは、単に見た目がいいだけでなく、生産性のある時間にもつながります。

罫線と表示で固定管理する

お知らせ等の紙を常に貼っているなら、**ホワイトボード専用の罫線引きテープ**を使い、位置を固定しましょう。罫線を引いてモノの居場所をつくるだけで、常に整い、すぐに使えるホワイトボードに改善されます。左ページのように、マグネットにも表示をすれば、マグネットごと書類を外しても、すぐに元の固定枠内に戻せます。

このマグネットも罫線の中に個数を決めて管理することで、使えば元に戻すようになり、ホワイトボードがマグネットだらけ……という状態も解消できます。

決まった数のマグネットがなければ、どこかに落ちているかもしれないと床や別の場所を探す癖がつきます。ホワイトボードをきちんと管理すれば、マグネットが床に落ちたままでつまずく危険や、他の入れ物に混入して業務効率が下がることを回避できるようになるはずです。

また、ホワイトボードにマーカーの予備を何本も置いていませんか？　すると、マーカーのインクがなくなっても「予備があるから、いいや」と、どことなく他人ごとで、誰もマーカーの差し替えや処分に動こうとしません。これがもし、マーカーは1本しかホワイトボードに置かないと決めていれば、書きにくいと感じた時点でその人が差し替えるしかなくなります。

いざというときのために、在庫薄を誰かに伝えるしくみをつくるなど放置を防ぐ工夫をしましょう。

ホワイトボードを管理しよう

Before

表示がないので、必要な書類かどうか、中を読んでみないとわからない

After

表示や罫線をするだけで、誰もがほしい情報にすぐにたどり着ける

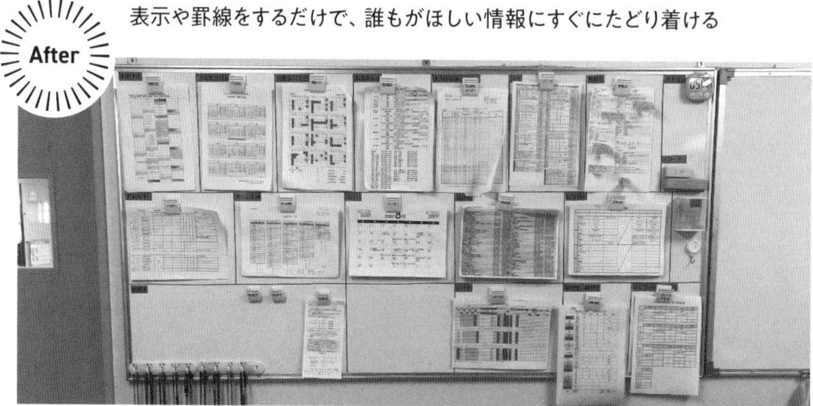

表示とマグネットをセットにすると元に戻しやすい。紙をクリップに挟んだまま持ち運べる

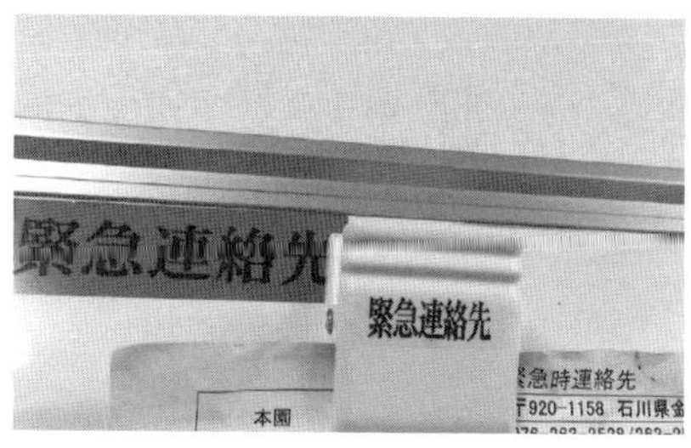

マグネットやイレイサーも罫線で囲むと常に枠内に戻り、常に整う

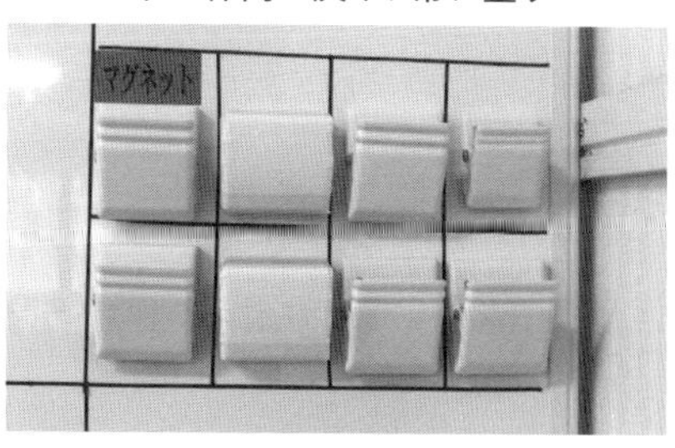

8

共有備品 カギの管理

本体とスペアは別に管理しよう

先日、私の子どもが自動車学校の合宿に参加しました。合宿から帰宅後、子どもが部屋のカギを持ち帰ってしまったことに気づきました。

スペアがあるから、すぐに返却しなくても大丈夫だろうと考えましたが、よく見ると本体にスペアキーまでついているではありませんか！

次の予約客もいますし、合宿所は大慌てです。遠い地域でしたので、すぐに郵送してなんとか迷惑をかけずに済みました。

このように、**会社の車や自転車、倉庫、部屋のカギを、スペアを一緒につけたまま保管している会社が意外とある**のです。本体が使えない状況の場合にこそスペアが活きるのに、いざというときに使えなければ、大変なことになります。

今一度、職場のあらゆるカギがスペアと離して管理してあるかを確認しましょう。

鍵は分類、表示して保管しよう

カギの本体とスペアキーを離したら、そのスペアキーがどのカギのスペアかわかるように、キーホルダーに表示しましょう。

次に、職場内のカギが担当者にしかわからない状態になっていないかを確認します。

人間ですので、うっかりミスを起こすこともあるでしょう。また、担当者がカギを持ったまま、病欠する可能性もゼロではありません。

次のポイントを参考にしながら、今すぐ安全安心なカギの管理をするようにしましょう。

①カギ本体にキーホルダーで何のカギかを表示
②管理する場所にも表示
③車、倉庫など用途別に分類
④スペアは別にし、万が一のときすぐに見つけられるように管理

カギは万が一のときにすぐに探せるように備えよう

Before

表示がないカギも多く、担当者にしかわからない状態

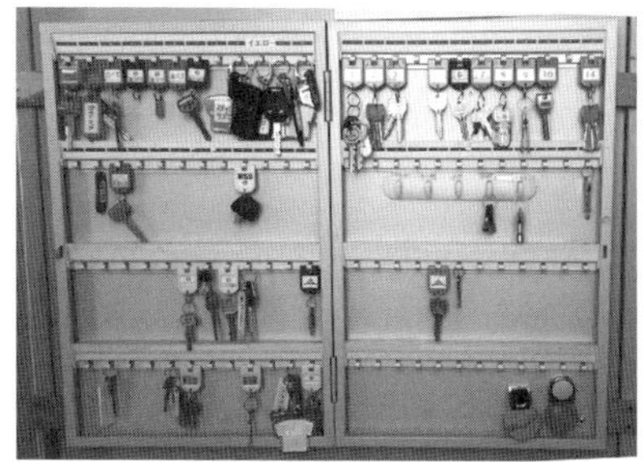

引き出しに何のカギかわからないモノがたくさん。いざというときに使えない

①用途別に色テープで枠をつくり分類
②すべてのカギと置く場所に表示

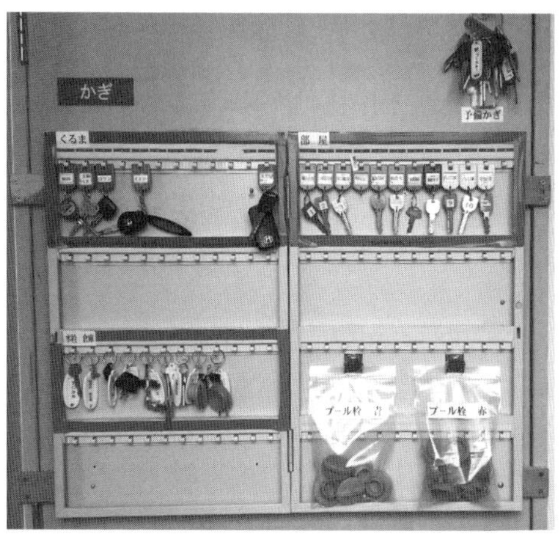

表示だけでは見分けがつかないモノは画像と文字をセットで表示

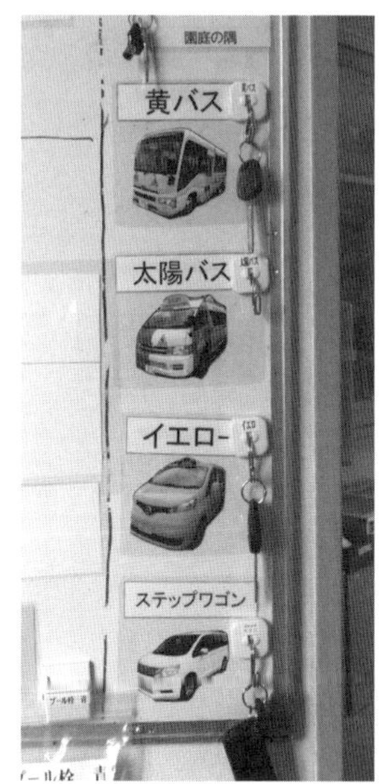

9

共有備品 書類の管理

●書類も取り出しやすくしまいやすく

本書ではモノの片づけをメインでお伝えしているので、紙に関してはポイントになる部分を説明します（書類によってはこの場合に該当しないこともあります）。

①今年度（事務所内保管）
②前年度（事務所内保管）
③3年以上法定保存年限（書庫で保管）
④永年保存（書庫で保存）

モノと同じで、書類も不必要なモノをまずは取り除き、何がどこにあるかわかるように収納します。その際に、この4つに分けると管理しやすいでしょう。

取りかかり中の書類は会社の情報資産のため、作業終了後は速やかに共有スペースに戻しましょう。

左ページは、20カ所以上分散していた書類を整理した結果、4カ所に改善されたケースを紹介しています。

●情報は活用してこそ

ペーパーレス化が求められる昨今、職場から紙が減っています。とはいえ、紙のほうが都合のいい場合もあり、すべてがなくなるかといえば、そうでもありません。

よく耳にするのは、お客様に商品を説明する際にiPadなどを使うと、2つの商品を見比べたいときにあちこちの画面に行ったり来たりして比較するのが難しいということです。

2つの商品比較だったら、紙を並べて見せたほうがお客様の理解が早く、商品を選択しやすい場合があります。お客様にも都合がよく、営業の人も説明しやすく、データ化も従来通りの紙も両方大事だとわかります。

ペーパーレス化で作業効率を上げることも重要ですが、お客様の購入機会を逃していては意味がありません。

大事なのはデータか紙かではなく、情報が事業をする上で活かせること。つまり、データも紙も必要なときにすぐに取り出せるように片づけが必要だということです。

書類の片づけで業務効率化

20カ所以上に分かれていた大量の書類

4カ所になって、探しやすく戻しやすい！

事務所

今年度・前年度

事務所内に必要書類しかなくなり、ほしい1枚がすぐに探せる・戻せるように

書庫 A

3年以上法定保存年限

書庫 B

永年保存

混ざり合っていた書類を保存年限で分けると、年1回の廃棄作業がスムーズに

10 災害時の危険につながるモノを見直そう

●危険な装飾品がないか、チェックしよう

今、職場の壁や棚の上に飾られているモノが、災害時にどのような危険性につながるかを想像し、不必要なモノは外し、必要なモノは避難通路とは別の場所に移動しましょう。

たとえば、重いガラスの額縁が簡単に外れてしまうような状態であった場合、地震が起きた際に頭上に落ちてくれば、凶器となる可能性があります。また、床にガラスが散乱し、避難通路を阻害する危険性もあります。

そうした装飾品は、入社当時からなんとなく飾ってある絵や写真だったりして、外しても誰も困らない可能性もあります。一度、会社の避難通路などを確認するとともに、装飾品の要不要を見直してみましょう。

●上棚の存在を認識しよう

不必要なモノを取り除く整理作業を定期的に行なって

いないオフィスは、時間の経過とともにモノが増えていきます。誰の所有物かわからないので勝手に捨てることもできず、収納棚を追加してはモノが溜まっていく……という悪循環を繰り返しているのです。

オフィス内には、このように付け足しでつくられた上棚がありませんか？　上棚のデメリットは、次のようにたくさん存在します。

①地震の際にモノが落下する危険性がある
②落下物が避難通路をふさぎ、つまずきの原因になる
③ホコリや虫の死骸の温床になる
④奥にしまったモノが見えず、活用の機会を逃す
⑤脚立を使用しないとモノが取れず、転倒の危険性がある
⑥掃除の場所が増える

共有スペースを整理していく中で、多くのモノが取り除かれスペースが確保されたら、上棚にあったモノを移動し、危険を回避しましょう。また、普段人が通る通路の上棚は取り外しましょう。

災害時、額縁や上棚のモノは凶器になる

Before

ガラスの入った額縁に飾られた絵や写真。下には消火器があり、避難通路にもなる場所なので地震が起きたら危険

After

ラミネート加工し、避難通路以外の場所に掲示

ジェルシールで設置。軽い透明パネルを開いてチラシを挟み、マグネットで固定するタイプも安全

Before

上棚のモノは地震のとき、落下やつまずきの危険性がある。掃除もしにくく不衛生

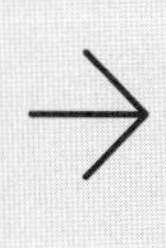

After

職場の不要物を減らし、スペースを確保して、上棚を外す。
危険の可能性に怯えず、安心できる職場へ

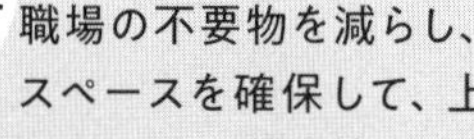

11 救急・防災用品はパニック状態でも探せるように

●AEDはいつも目に入る場所に

緊急時、どんなに冷静な人もパニックになります。災害時であれば、目の前の悲惨な現状だけでなく、別の場所にいる家族のことなどが頭によぎるからなおさらです。被害を最小限に食い止めるには、パニック状態であっても救急道具をいち早く手に入れ、必要であれば使用することが求められます。

時々、棚の上にＡＥＤと他のモノが混在して置かれているオフィスを目にしますが、これではいざというとき、誰でも取り出せる状態とは言えません。

ＡＥＤはどんな状態でも、勝手に目に入ってくるような目立つ配置が必要です。おすすめなのは、**毎日の出社で必ず目に入る、入り口付近**です。従業員でなくても簡単に目に入るように設置しましょう。

なお、数年に一度、電池交換の時期がやってきます。担当部署や見直す日を決めて、必ずチェックするようにしましょう。

●救急セットはマニュアルも一緒に

環境整備に力を入れている幼稚園では、救急用品のマニュアルをつくって、どのクラスも同じ中身の救急セットを配置しています。

散歩に行く際には、外で誰もが救急のリュックとわかるように透明なモノに変え、いざ子どもがケガをしても焦らず、すぐに対応できるようにしました。

ちょっとした工夫の積み重ねが従業員の安心、子どもの安全を支え、働きやすい環境へとつながります。

●消火器はすぐに取り出せるように配置

消防の点検が入るときだけ、一時的に要件を満たすような消火器の配置をしていませんか？

災害はいつ起こるかわかりません。消火器も、**①常に見えるように、②取り出しやすいように、③転倒しないように**管理していきましょう。

救急用品の見直しにかかる時間はわずかです。このわずかな時間が後の損害に大きく影響します。

緊急時、パニック状態でも探せるように待機

【AED】

誰の目にも入る場所に設置
電池交換に気をつけよう

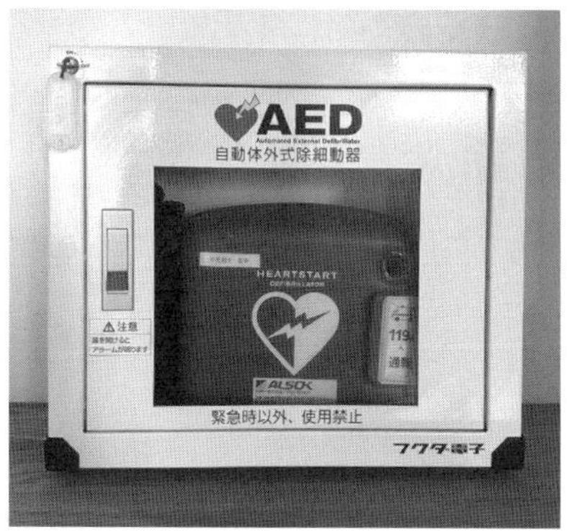

【消火器】

周りにはモノを置かず
すぐに見えて使えるようにしよう

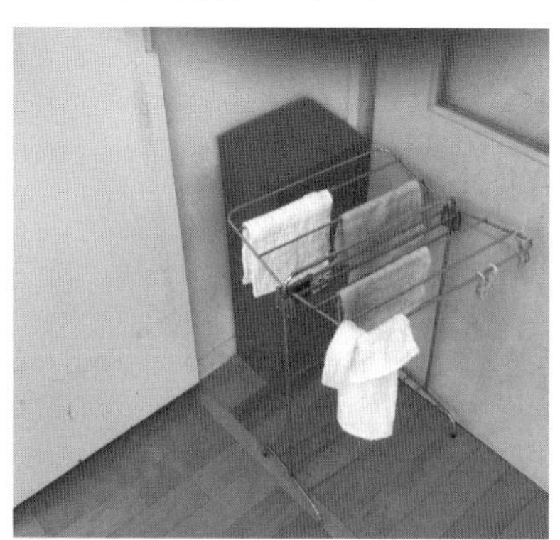

【救急セット・リュック】

子どもや同僚が怪我をしても、すぐに応急手当ができるように1カ所で管理

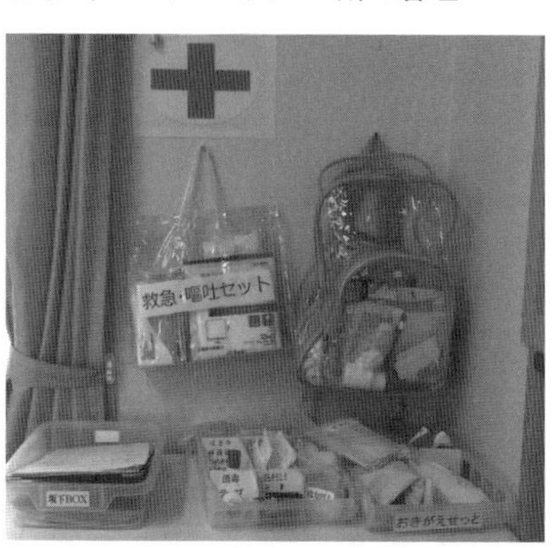

【救急セット】

ケースにざっくり収納。
ほしいモノがすぐに上から見えるように

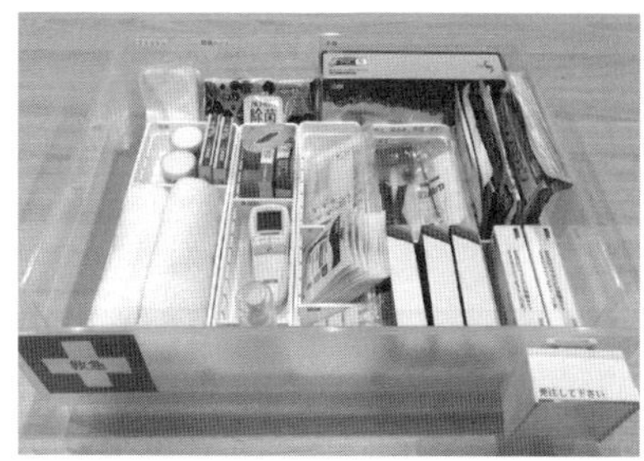

Column 5

バーチカルファイリングとは？

ファイリングとは書類の整理や管理法ですが、多くの職場で慣れ親しまれているのは「簿冊式ファイリング」といって、穴あけ式のリングファイルやバインダーなどに書類を綴じ込み、本のように並べて管理する方法です。

パンチで穴をあけて綴じる、綴じ具をあけしめして書類を取り出す・戻すなど、割と動作数がかかる方法です。

何より背幅があるので、中に2〜3枚しか綴じていなくても、背幅分のスペースをとってしまいます。また、背幅が広いとたくさんの書類が詰め込めるので、背表紙タイトルも曖昧なものになりがち。そうなると、ほしい書類を探す際には大量の書類の中から探さなければなりません。

本書で紹介しているのは「バーチカルファイリング」という、書類を個別フォルダに挟んで立てて並べる管理法です。挟むだけでいいので、面倒な穴あけの動作も減り、約1㎝ほどの幅を目安に書類を挟んでいくので持ち運びも軽々。タイトルも具体的に明記できるので、ほしい書類が見つけやすくなります。中に入れる書類の幅しかとらないので、背幅の広いファイルに分散して収納されていた書類も、少ない範囲からほしい1枚を探せるようになり、検索性が格段にアップします。第8章7項で紹介した済美幼稚園では、なんと20カ所に分散収納されていた書類が4カ所にまで縮小でき、業務効率化に成功しました。

メリットがたくさん!

・少ない動作で管理
・スペースをとらない
・具体的なタイトルがつけやすい
・探しやすい

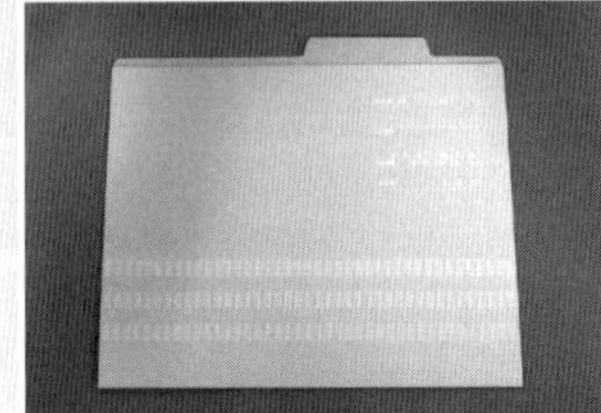

第6章

誰がやっても
きれいになる!

清潔な環境づくり

1 衛生を保ちやすい工夫をしよう

●職場の衛生を保つしくみが必要

2019年末から新型コロナウイルス感染症が拡大し、私たちはこれまで以上に「除菌」という業務に時間を費やしました。

入り口にアルコールスプレーを設置したり、1日に何度も備品を拭いたり、トイレ掃除の回数を増やしたり……。ただでさえ人手不足なのに業務が増え、大変な思いをした方も多かったでしょう。

自分たちが作業しやすいオフィスに改善しない限り、延々と厳しい状況が続いてしまいます。これを期に、モノを減らして配置を見直し、いかに時間をかけずに衛生を保つかを考えていきましょう。

・モノ自体が少ない　・床にモノがない　・モノがあちこちに散乱していない　・スキマには手や掃除道具を入れやすい空間がある　・濡らしても乾きやすい　・モノを浮かし、台との接地面が少ない　・脚立に乗らなくても手が届く　・キャスター付きで移動がしやすい　・重いモノより軽いモノを選ぶ　・ホコリを溜めやすいモノを極力使用しない（造花など）

これらを意識して、ホコリや汚れが溜まりにくい環境を目指しましょう。

●SDGsを意識した収納用品選び

SDGsなど環境問題への取り組みが求められる昨今、オフィスでもプラスチック製品の使用を減らすなどの努力が求められています。

また、最低限使うプラスチック収納用品や備品は、**買い換えず長く扱いやすい商品を吟味**したり、**リサイクルやリユース回収をしている企業の商品を選ぶ**などして、廃棄を減らしましょう。SDGsの目標のひとつ、「つくる責任 つかう責任」にも該当します。

左ページの事例では、イノマタ化学のキッチントレイと、無印良品のPP衣装ケースを使用しています。いずれも長く続いているシリーズなので、商品を追加しやすく、統一感を保てるので、選択肢のひとつとしておすすめです。

扱いやすいプラスチック収納用品

キッチントレイ スリムタイプ・ワイドタイプ（イノマタ化学）

文具、工具、 OA機器、備品、あらゆる小物の長さに合わせて仕切りを取り付けることができるので、ケースの大きさに合わせず、モノの大きさに合わせて空間を仕切ることが可能

PPクローゼットケース（無印良品）

半透明なので、文字表示だけでなく中身もわかりやすい。定番商品のため、買い足しもしやすい。リサイクル回収もしているので使う責任も意識できる

2 配線は浮かして配置しよう

●衛生と危険回避のしくみをつくる

職場では、PCやオフィス機器、電化製品など、たくさんの配線が床や台の上に接触しています。掃除をする際には、配線を持ち上げて拭く人も、そうでない人もいます。

このような現象は、しくみがないことで起こる「曖昧さ」です。

配線は、最初から床や台から浮くように工夫して設置すれば、ホコリが溜まりにくく、わざわざ持ち上げて掃除をする必要もありません。誰が掃除しても、同じようにきれいになります。

配線を浮かす工夫は、誰がやってもきれいに片づく環境づくりのひとつ。

「そこまで几帳面にやらなくても……」という人も、中にはいるかもしれませんが、わざわざモノをどかしたり、持ち上げたりして掃除をする労力は、本業のほうに使いたいですよね。

いかに掃除をラクにするかは、業務効率アップにもつながる大事なポイントなのです。

また、配線を浮かすことで、線につまずいて転ぶなどの身体的リスクも回避できます。配線を浮かすことは衛生を維持し、労災を未然に防ぐことと捉え、積極的に取り組んでほしいと思います。

なお、使わないコンセントがあれば、コンセントカバーをつけることをおすすめします。特にコンセント穴が上を向いた状態で長く使用されていない場合、中にホコリが侵入し、火災の原因にもなります。

●マグネットやフックを活用しよう

配線の浮かせ方は、マグネット対応の壁面か、そうでないかで、さまざまな方法を選択できます。

フックや結束バンド、マグネット、粘着テープなど、やり方はさまざま。

たとえば、左ページの暖房器具のホースも、フック1つで掃除がしやすくなり、つまずく危険性も簡単に回避できます。

配線は浮かすだけでも安全につながる

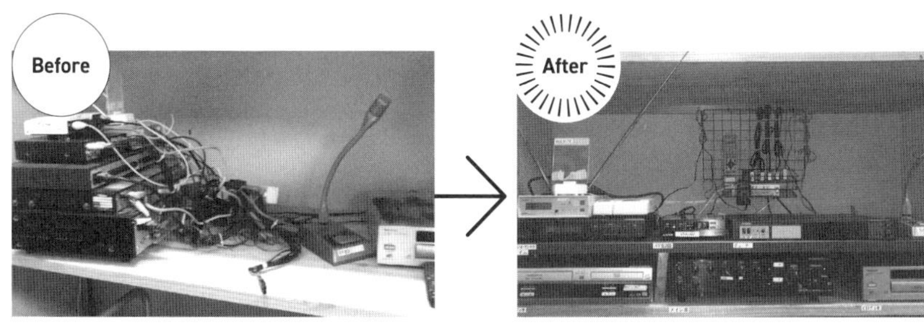

幼稚園の音響セット。重ねているのでホコリも溜まり、危険な状態に

台を利用し、機器を重ねず熱がこもらないように。配線も浮かせてホコリが溜まらず、漏電の危険を回避

暖房器具のホースもフックで浮かせば掃除しやすく、つまずきの危険も回避

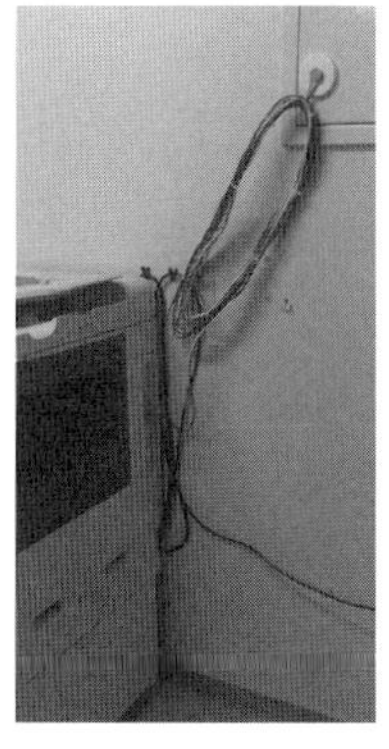

マグネットフック

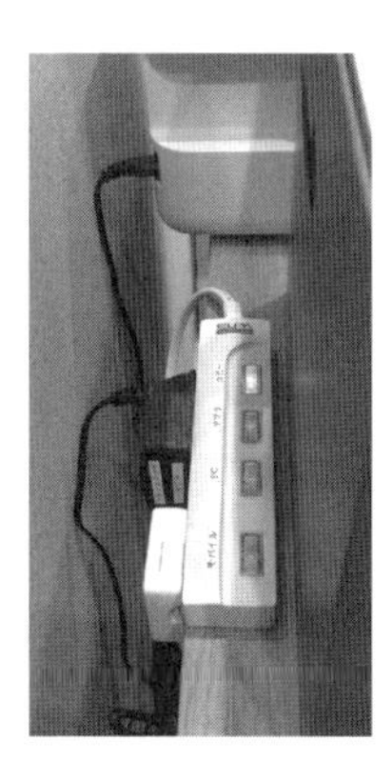

粘着テープ使用

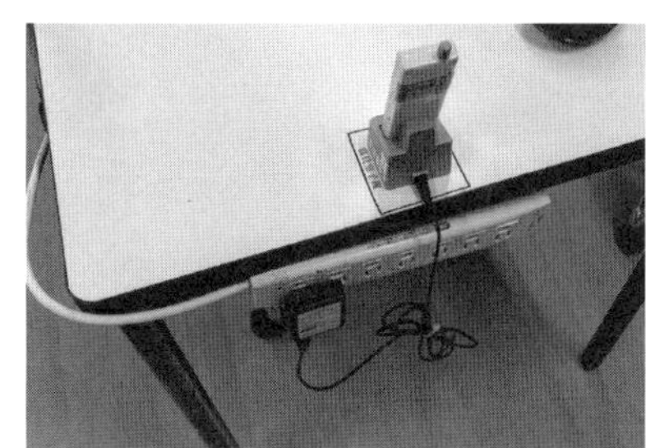

結束バンド使用

3 掃除用具は通気性よく管理しよう

●接触面を減らそう

雑巾が濡れたままの状態や、ホウキが床についたままで常にホコリが溜まっているような状態の管理をしていると、**掃除用具そのものが不衛生の温床**となってしまいます。

道具同士が密着していたり、床や壁面に接触している場合は、フックやツッパリ棒などを利用して、**浮かす、離す**ことを意識しましょう。

毎日使用する道具なので、接触面を減らすだけでも大きな改善になります。

●密閉を減らそう

掃除用具は視界から消したいという思いが第一優先になってしまうと、扉の奥にしまわれがち。そうすると、半渇きの雑巾やモップで雑菌が増殖し、より不衛生になります。

可能な限り、風通しがよくなるように密閉しない工夫をしましょう。

●浮かせる収納用品が便利

洗面台などに置いてあるティッシュペーパーやハンドペーパー、使い捨ての手袋などは、浮かせる収納用品を使うことで掃除がしやすくなります。

左ページ画像のようにフタのない容器だと、残りがなくなって差し替えるときにも便利です。

また、壁にかかっていることで、遠くからでも認識できるので探すこともなくなります。

●表示があると必ず戻る

置き場所の表示がないと、人によっては使用後、違う場所に置いてしまう可能性があります。

表示をするだけで、誰もが同じ場所に戻せるので、モノが散乱せず常に整い、掃除もしやすくなります。

掃除用具を常にきれいに管理する工夫

Before

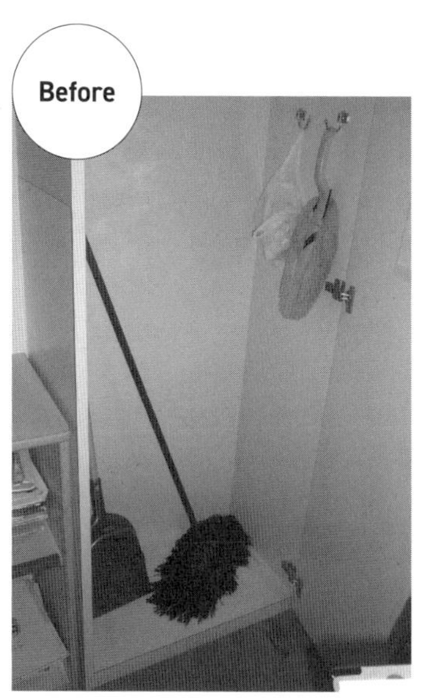

ホウキやモップを棚の中に適当に置くので、多くの場所を取っている。床にそのまま置いているので不衛生

After

壁面を利用し浮かせて管理。汚れていたら、すぐに取り出して掃除ができる

壁かけ用ティッシュケースを利用して、掃除に必要な備品を浮かせて収納

水回りの掃除用品も浮かせておくと、常に拭き掃除がしやすい

4 コツコツ小掃除で大掃除がラクになる

●各エリアを全員で効率的に進める方法

掃除と一言でいっても、何をどこまでするかはその会社の面積や従業員数も、就業時間など働き方もさまざまなので、掃除の進め方もひとつではありません。

たとえば、「決められた日に15分間、みんなで自分の机周りや周辺を掃除しましょう」という進め方だった場合、どこを掃除して、どこがされていないのか、曖昧になってしまいます。

そこで、確実に、そして効率的に掃除を進める方法として、**決められた時間に、全員で、同じエリアを掃除していく**ことをおすすめします。

壁面、床、キャビネット外側など、場所を決めて全員で取り組みます。決められたスペースを全員で掃除するので、短い時間で確実に終わらせることができます。

壁面が4面あれば、全員で1面を終わらせて、次の面に進みます。一人ひとりばらばらに4面掃除すると、途中で時間が足りなくなり、中途半端になったりする可能性もあります。

●みんなで掃除をするメリット

全員で行なうメリットとして、壁面にある掲示物が役目を終えたモノであれば、「これはもうはがそう」など、いろんな改善を会話しながら進められます。

もし1人で壁面を掃除していたら、不必要な掲示物に気づいても勝手に処分できないので、貼られたままになる可能性が大きいでしょう。

床も全員で掃除すれば、モップや掃除機が入りにくい場所についても、キャビネット底板の高さを調整するなどの改善を話し合えます。さらに、床を掃除することで落ちていたモノも見つけられるので、紛失なども解消できます。

掃除するエリアを決めて計画的に進めることで、年末の大掃除の時間を短縮したり、普段できない個所に時間をかけることができるでしょう。

コツコツ小掃除で大掃除がラクになる

例 毎週金曜日15分①~⑥の順で進める
⑥が終わった①からまた繰り返す

掃除エリア
①壁面
②床
③キャビネットA
④キャビネットB
⑤窓
⑥給湯室

5 トイレは清潔第一

装飾品で飾るより大事な清潔感

トイレ内は尿が飛散する、いろんな部位を触った手でいろんな場所を触るなど、常に除菌が求められる場所です。

誰がトイレ掃除担当者であっても、清潔を維持できるように、菌が付着するモノを減らし、簡単に汚れを取り除ける状態にすることが必須です。

しかし、不衛生な場所だからこそ、室内装飾を施して明るく見せよう、人をもてなそうとしているトイレをよく見かけます。

トイレットペーパーホルダーのカバー、ナプキンが入った籐のカゴ、額縁に入った絵、観葉植物、造花と花瓶、ガラス玉やポプリが詰まった容器、名言カレンダー等々……。これらを近くでよく見ると、ホコリまみれだったりします。

人はルーティンでしか動かない

これらのホコリを除去することは、トイレ掃除のルーティンに入っていないことが多いのです。

集団で働くオフィスの掃除は個人宅と違い、**決められたルーティンでしか掃除をしません**。決められた時間内に掃除し終えないといけないからです。

一番大事なのは、ホコリやウイルスを滞留させないこと。そのために、トイレの中はモノを最小限にすること、またモノと床との接地面を最小限にすることです。

どうしても飾りたいなら

どうしても装飾品をつけて、おもてなしの心を表現したいという場合は、左ページのようにお花などの**ウォールステッカー**を貼るのもいいでしょう。

ウォールステッカーとは、壁専用のシールで、ビニール素材に加工されているため丈夫で、汚れがついても拭き取りやすくなっています。また、気軽に貼ったりはがしたりできるので、もし殺風景なのが気になるという場合は、試してみてください。

掃除のルーティンを意識しよう

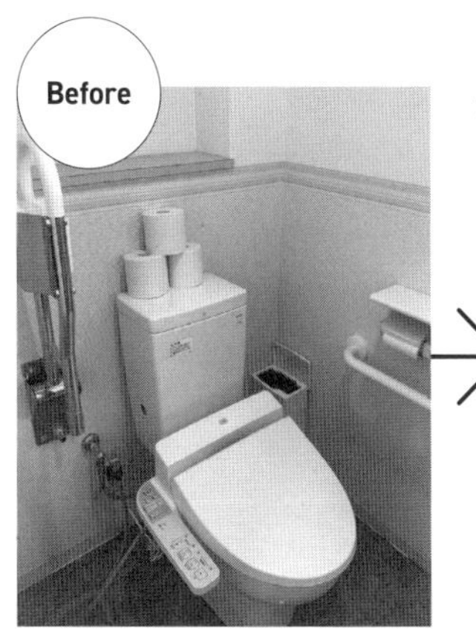

トイレタンクに直置きすると、タンク上は掃除ルーティンから外れてしまいがち

浮かしやすい方法を選択しよう

ホコリの溜まらない壁面にウォールステッカーを貼ってもてなす気持ちを表現

棚を置くと、その周りは掃除ルーティンにから外れてしまいがち

必要最低限のモノだけにし、床との接地面を縮小し掃除しやすく

6 誰もがもてなしやすい給湯室にしよう

お茶くみは、誰もが担当者と意識する

新人社員をお茶くみ担当にしている会社は多いですが、そうすると、次の新人が入社するまで、ずっと同じ担当者になってしまいます。

お茶くみは女性の仕事、重い荷物を運ぶのは男性の仕事と、言葉には出さないけれど、暗黙の了解で男女の業務割り当てが決まっていませんか？

この議論は年齢や立場で考え方が違うので、不毛な議論になりがちです。それより、せっかくご来社くださった訪問者のために、**誰もがもてなしやすいしくみ**をつくるほうが生産性のある活動につながります。

取引先や業者など訪問者が多いオフィスでは、普段給湯室に出入りしない従業員も、急な来客にお茶を出すなどの対応を迫られることもしばしばです。

しかし、何がどこにあるのかわからなければ、簡単な業務でも不安になります。

そんなとき、**給湯室に行けば、誰でも何がどこにあるのかがわかり、いつでも対応ができる**ように、「コーヒーセット」「お茶セット」などグループでまとまり表示されていれば、安心してお茶出しの対応ができるようになります。

必要なモノが一目でわかるように

お花をいただいたら花瓶に飾る。ごく簡単なことですが、花瓶のありかがわからなければ、その簡単な作業もできません。お花をそのままにしておくこともできないので、「花瓶はどこにありますか？」と聞いてまわらなければなりません。

必要なモノがどこにあるか、誰でも探しやすい状態にするために、**文字や画像で表示するちょっとしたひと手間が、のちの効率化に大きくつながります。**

1つのモノに1枚画像貼るだけで、レイアウト替えなど定位置を変更する際にも、スムーズに配置換えができるでしょう。

おすすめの収納用品

来客お茶セットがまとめてあるからわかりやすい

カップ、ソーサー、スプーンがまとまっているので準備しやすい

カップの種類が画像と表示で一目でわかる

いろんなものが雑然と置かれている状態

文字や画像で表示されているので、必要なモノがどこにあるか探しやすい

Column 6

自宅で形跡管理を活用してみる

我が家では、いつもリビングでリモコンを探していました。ソファーの間やブランケット、寝転んでいる誰かの下……すぐに見つかればいいのですが、観たい音楽番組や、録画したいドラマが始まりそうなときは、気が焦るばかり。

そこで、自宅でも形跡管理を取り入れたところ、とても便利! 我が家ではワゴン1カ所で管理しているのですが、すぐに探せて気持ちも楽になりますよ。

手芸やお菓子づくり、工具や釣り具など、趣味の道具が多い人にもおすすめです。準備が早くできて、すぐに作業にとりかかれるようになります。

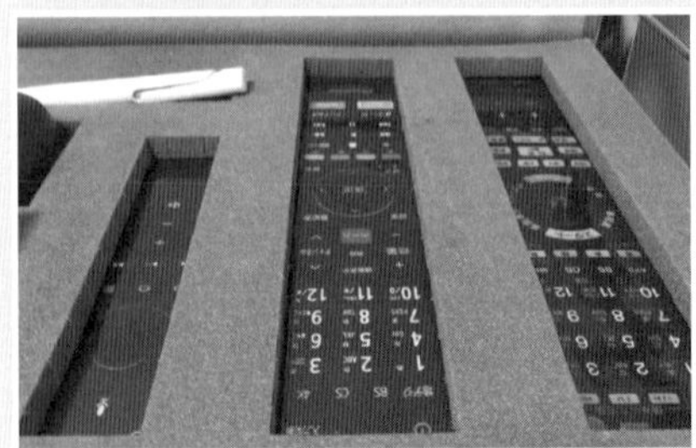

自宅だと表示は堅苦しいので、リモコンとめがねはプラス姿絵管理で一目でわかるように

ワゴン下段は使うモノがなければ、ムリに置かずに掃除しやすく

第7章

組織で取り組む！

オフィスの片づけ成功の秘訣

1 具体化・見える化・共有で安全安心を実現する

職場全体の片づけの目的

片づけの一番の目的は、「働きやすさ」です。働いている人たちが満たされていなければ、大切なお客様を真に大切にすることができないからです。

もちろん、生産性も大事です。ただ、それだけを求めると、数字に厳しく言葉も強くなったり、怒られないように無理に結果を出そうとし、いつしか片づけの目的がブレてしまいます。そうして、心が疲弊し、活動をやめたという話をよく聞きます。

働きやすさとは安全安心です。職場の安全安心を実現するためには、次の2つの面の働きやすさを叶える必要があります。

①身体の面での働きやすさ、いわゆる安全

身体の面での働きやすさは、作業効率化を図ることで叶えます。その具体的手段が整理・収納の実践です。身体的負担を減らすため、動作動線が最小限になるように見直すなど、できる改善はたくさんあります。

②心の面での働きやすさ、いわゆる安心

心の面での働きやすさには、思いやりが必要です。具体的手段は「聴く努力」「伝える努力」「立場に関係なく感謝する」の3つ。どの役割にも意味があり、大切な仲間です。

「働きやすさダイヤ」で見える化・共有

職場の片づけ活動を続けていると、「こんな活動、意味があるのか」と不穏な空気になることがあります。話を聴いてみると、「嫌な言い方をされたから」「伝えなくてもわかるだろうと思った」など、原因は「聴く・伝える」努力をおろそかにした個々のあり方にあることがほとんどです。

地道に続け、業務効率化が図れると、生産性向上にもつながります。思いやりはやがて企業風土を生み、会社も人も成長します。1つの目的に地道に取り組むことで、結果、進化することができる。左ページはこの考えを見える化したものです。ぜひ、これを意識しながら、活動を進めてください。

安全安心なオフィスをつくる「働きやすさダイヤ」

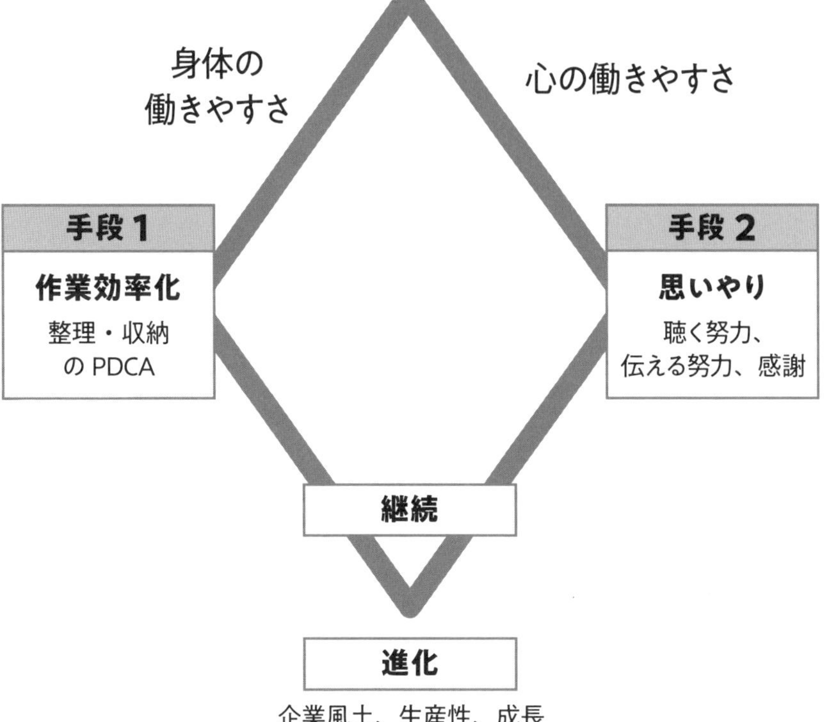

2 ホワイドボードで課題を見える化・共有する

課題を風化させない

左ページは、石川県にある村昭織維興業のオフィス入り口にあるホワイドボードです。各工場、すべての部署にも設置してあります。

環境整備に取り組む中で、部署別に抱える課題、改善案、目標などがホワイドボードに書かれ、見える化されています。

日々、働く中で小さな課題を見つけても、業務の忙しさの中で、帰る頃にはその課題も忘れられているかもしれません。

会議で議論が盛り上がり、みんなに言葉で伝えて共有したとしても、同じように記憶が月日とともに薄れていってしまいます。

また、表示ひとつにしても、さまざまな課題があります。

- **どんな内容にすれば、誰もがわかりやすいだろう**
- **どんな色にすれば、見逃さないだろう**
- **どの場所に貼れば、見やすいだろう**

……など、どんな小さな疑問も解決したい課題として書き出せる、**風化させないしくみ**をつくりましょう。

疑問を解決することは働きやすさにつながります。ぜひ、みなさんのオフィスでも見える化に取り組んでみてください。

課題を共有し、全員の問題にする

自分が気づいた問題も、見える化し共有することで、みんなの問題に変わります。経験値が違ったり、ものの見え方も人それぞれなので、いろんな知恵を得られるかもしれません。

こうして課題を共有することはとても大事です。

私が同社の整理・収納のコンサルティングに携わったのは2年弱。その後、数年ぶりに訪問したら、ホワイドボードで課題を見える化し、活動がさらにアップグレードしていました。まさに「働きやすさダイヤの進化」です。

ホワイドボードで
課題の見える化・共有をしよう

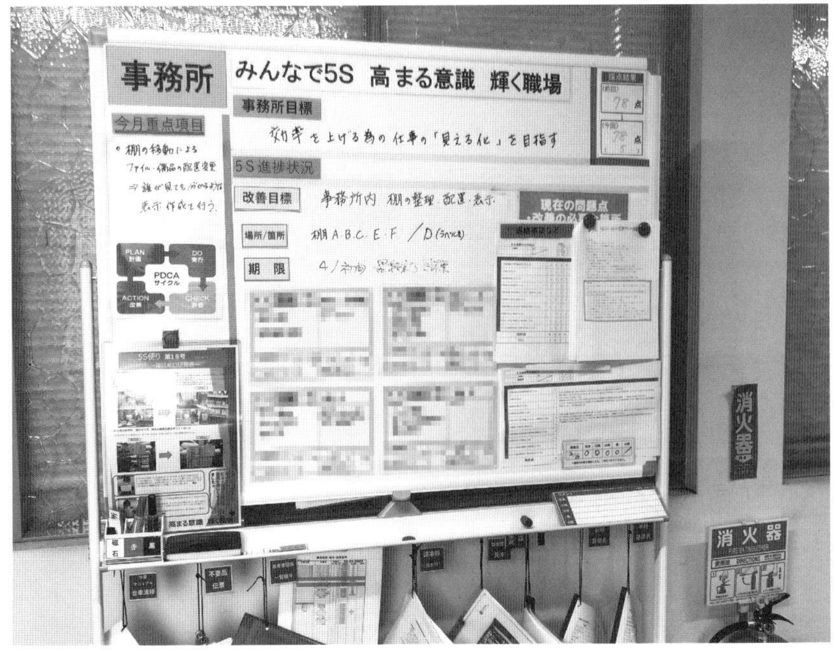

POINT

課題の改善が業務効率化に着実につながる。
みんなで考えて、たくさんの知恵を出そう！

3 PDCAサイクルで改善を続けよう

PDCAサイクルとは？

個人とチームの活動の違いは、多様な価値観が存在すること。収納の仕方ひとつ取っても、複数の案が発生します。上下関係、職種の違い、立場が異なる中で、**誰のどの提案が自社にとってベストなのか、PDCAを繰り返す**必要があります。

PDCAとは、**Plan（計画）→Do（実行）→Check（評価）→Act（改善）を繰り返して、業務を継続的に改善する**方法です。

これを指針にして活動すると、さまざま障害に振り回されることがなくなります。

たとえば、A案とB案が計画にあがったとします。どちらも実践してみたところ、どちらにもメリット・デメリットがあったので、両案の〝いいとこどり〟をしたC案にたどり着くことができました。

このC案にたどり着くまでにかかった時間について、その過程を見ていない人は「ムダに時間がかかっている」と非難してくるかもしれません。

ここで、最初に決めた指針が活きてきます。「PDCAを実践することで、C案というベスト案にたどり着けたのです。時間と労力を費やしたことは、ムダではありませんでした」ときちんと説明することができ、非難してきた人に納得してもらいやすいのです。

最初に指針がなければ、こうした負の言葉に翻弄され、活動が滞ってしまうことになります。

改善前に戻ることも覚悟しよう

なお、A案、B案を試して、C案にたどり着いたけれど、実際に運用を続けてみたら、結局、改善前のしくみが最適だったと気づくこともあります。

そのときも落胆したりせず、そのモノの位置や工程のベストな運用方法が確認できたこと、今後は改善の必要なく、このまま続けていいのだと気づきを得たことを収穫としましょう。

PDCAサイクルを軸にしよう

【改善課題】

幼稚園の先生が園児の鉛筆削りサポートに1人3分かかり、授業が進まない

【計画】

電動鉛筆削りに替えて、園児に楽しんで削ってもらう

【評価】

削り終わりがわからず、延々と削ってしまう

【改善】

3 秒で削れるので、「『いち、に、さん』と数えたらできあがり」の図を貼って説明。みんなが楽しんで削れるようになり、先生は授業を進めたり、困っている子のサポートに入ることができるようになった

園児が「先生、鉛筆の芯が折れた～!」と言うたびに、いつも先生が取りに行っていた

→

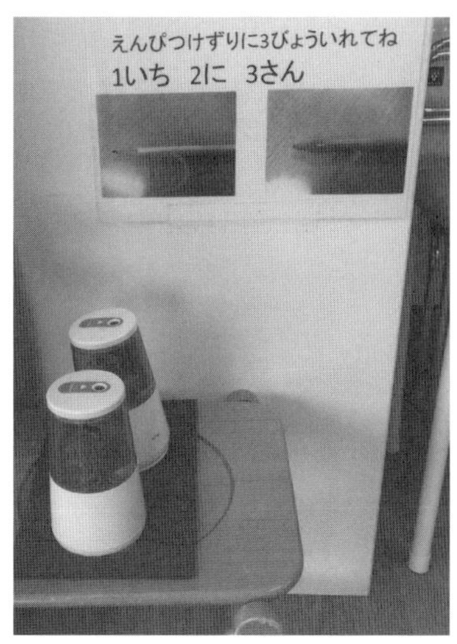

鉛筆の芯が折れたら、園児が自分で削りに行くように

4 ルールに意味づけをしよう

当たり前の光景を疑おう

左ページの図を見てください。多くのオフィスでは、掲示物に使用する留め具として、画びょうやダルマピンを使用しています。画像では、両方使用しています。

今、何気なくある備品を使うことは、よくあることで当たり前の光景です。その今まで気にも留めなかった目の前の光景を疑問視してみると、いろんな想像ができるようになります。

- **色**：万が一落下した場合、すぐに気づくことができる色か？
- **サイズ**：マグネットなど、小さすぎて紛失したり、落下しても見えづらくて気づかず、つまずきの原因とならないか？
- **素材**：除菌しやすいか？
- **同じモノでも種類が違う場合**：在庫管理が大変にならないか？　1種類に絞ったほうが発注しやすく、管理もスペースも最小化できないか？
- **強度**：すぐに壊れたり、外れたりしないか？　メンテナンスに時間はかかっていないか？

ある幼稚園では、子どもが喜ぶかわいい小さなマグネットを使用していましたが、強度が弱く落下の危険性があります。また、落下した時点でつまずきや誤飲の原因になると気づきました。そこで、これらの不安材料を回避するために、強力で誤飲できないサイズのクリップマグネットに統一しました。

なぜ片づけるのか、その意味づけ

備品を買い替える必要があるとき、「備品は揃えたほうが見た目がきれいだから」という理由では予算が認められないかもしれません。

しかし、視点を変えて、「事故を防ぐから」という明確な理由があれば、逆に安い経費で安全を確保できるので、買い換えの許可も出やすいでしょう。

なぜ、それを使用するのか。なぜ、その方法なのか。そこにはきちんと理由があり、組織の協力を得ながら進めていくための意味づけをしていくことが、とても大事です。

意味づけのあるルールは守られやすい

工場で留め具を使う場合、落ちても目立つ色のピンを使う

【意味づけ①】落下に気づき、ケガ防止のため

【意味づけ②】目立つことで、梱包や他のスペースへの混入を避ける

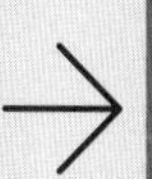

POINT

ただ色を揃えるとスッキリする等の理由では守られにくいが、安全につながる意味づけは共感され、守るルールとして取り入れられやすい。

マグネットの種類を見直し、限定する

【意味づけ①】小さいマグネットは幼児の誤飲につながるため

【意味づけ②】磁石力の弱いマグネットは紙を数枚挟むと落ちる、強力なクリップマグネットに統一

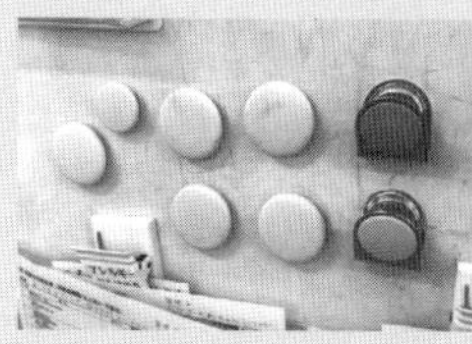

← 角を２個以上留めないと落ちる

丸型マグネット磁石力が弱いクリップマグネット →

小さくかわいいマグネットは誤飲の恐れあり

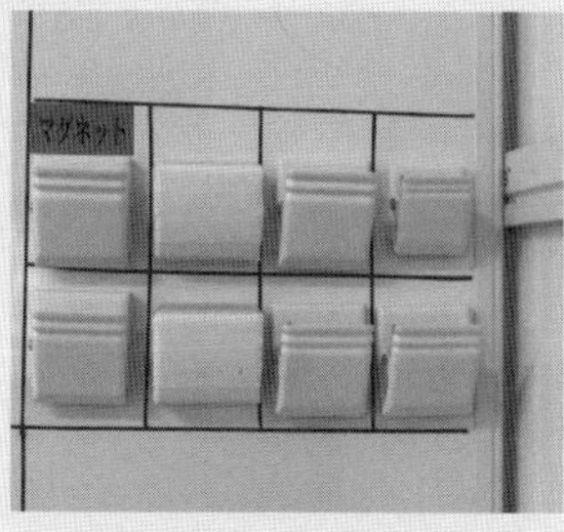

強力で何枚挟んでも落ちない。電話しながら持ち運びもできる

5 コンセプトを明確にすることが成功の秘訣

●全体を貫く基本的な考えを打ち出す

私の片づけコンサルティングの事例を紹介しましょう。

ある幼稚園で、「お預かりしている子どもたちを危険から守ること。そして、従業員も守ること」「従業員が、子どもたちを未然に事故から防げるようにすること」を目的にモノの整備をして、安全と業務効率化を図りました。さらに、環境整備によって生産性を上げ、選ばれる幼稚園になることを目指しました。

園全体ではこれが目的ですが、各部屋や各箇所を環境整備する際には、より具体的なコンセプトを明確にすると、改善策が見えやすくなります。

たとえば備品なら、「初めて職場に来た新人でも、必要な備品が誰にも聞かずに探せる」、こんなコンセプトを打ち出します。これなら新人の気持ちになって考えるので、どんな表示が必要か、どんな分類がわかりやすいかなど、改善案が浮かんでくるはずです。

●これまで、何に困っていたかを振り返ろう

この幼稚園では、コロナ禍で先生たちも次々と濃厚接触者となり、自宅待機を余儀なくされた時期がありました。そのとき困ったのは、代理で入った他のクラスの先生が、必要なモノを探せなかったことです。

各担任しかモノのありかがわからない（属人化していた）ことに改めて気づいたのです。

そこで、各クラスの片づけのコンセプトを「どの先生が代理で入ってもすぐに動けるように、モノの位置をマニュアル化する」としました。

コンセプトが明確になれば、これに沿って各クラス同じアイテムを揃え、置き場や置き方も同じにするだけです。この幼稚園では、「クラスが違うと、何がどこにあるかわからない」といった、これまでの困りごとの解決につながりました。

自分が自分の業務を行なううえで、何に困っていたか、どんなときにミスをしていたかを振り返ってみて、自分の片づけのコンセプトを明確にし、望んだ環境を手に入れましょう。

これまでの困りごとをアウトプットすれば、改善策が見えてくる

困りごと		改善策
クシャミしたら鼻水が出た	→	**傍にティッシュが必要**
足元の配線に引っかかった	→	**配線をまとめ、宙に浮かす**
メモした付箋をよく探している	→	**貼る場所を決める**
コップを倒しPCや書類を濡らす	→	**倒れにくいコップやドリンクホルダーを使用**
机の上にゴミが溜まる	→	**近くにゴミ入れ設置**
書類を重ね置きして探せない	→	**書類スタンド活用して重ねない**

POINT

日々、自分自身が何に困っているかを思い出せない場合は、1週間、業務をする中で困ったことを書き記していくとわかりやすい。

6 時には遊び心を取り入れる

ホッとできる遊び心も大切

オフィスの片づけは、業務効率や生産性を徹底的に追求するといったイメージがあるかもしれませんが、それだけでは心が楽しくありません。

身体に疲労が溜まると、心もくたびれてしまいます。それと同じで、オフィスのモノや動作の多さは、仕事のストレスにつながるもの。モノや動作を減らすことで、オフィスが気持ちが上がる空間になるといいですね。なんといっても、オフィスは人生の大半を過ごす場所だからです。

推しのキャラクターに癒される引き出し

ある会社では、いつもデスク上に推しのキャラクターのフィギュアを置いている従業員がいました。心が疲れてきたときに、一瞬でも自分の癒しのグッズを見ると、「よーし！ 残りの時間もがんばるぞ」と気持ちが上がるそうです。

当初は、フィギュアがうまく立たず、デスクの上に倒れたままだったので、散らかっているように見えましたが、「これは、仕事の原動力をもらえる大事なモノ」と判断して、引き出しの中にきちんと場所を設けました。

これなら、仕事に関係のないものを机の上に置くのはNGの会社でも、少し疲れたときに引き出しを覗けば一瞬で癒される大事な空間をつくれますね。

リングファイルの背で遊びを表現

受付カウンターの下にずらっと並ぶリングファイル。少しアレンジを加えれば、毎日見る景色が、一気に楽しめる空間に変わります。

ある企業では、文字の表示だけだった背表紙に、会社の外観画像や、みんながホッとできるようなイラストを入れました。

ちょっとしたことですが、こういった遊び心を取り入れているとみんなに安らぎを与え、また仕事に楽しんで取り組むことにつながります。

遊び心も忘れない！

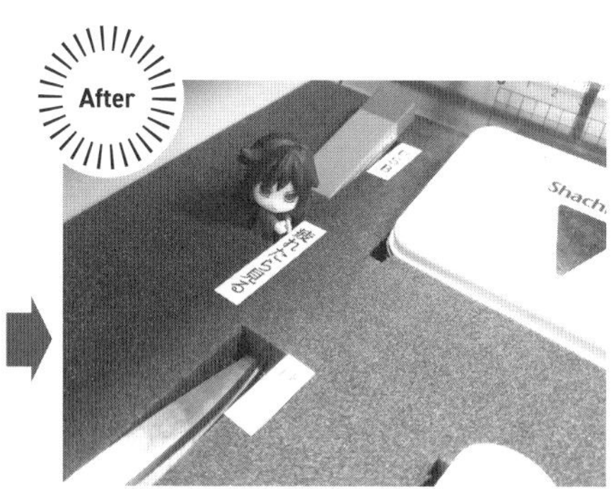

引き出し内に場所を決めて
癒やしグッズを管理

画像提供：金沢森林組合

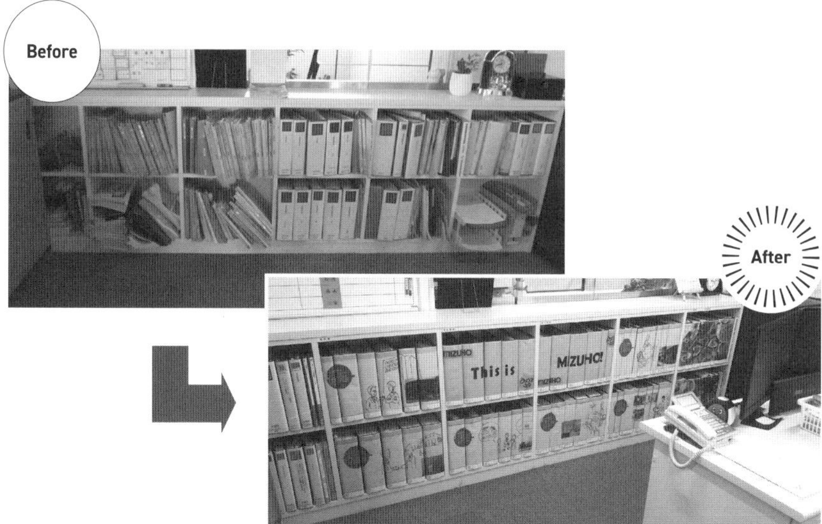

フォルダの背表紙にイラストや社名
ロゴなどを入れて楽しく収納

画像提供：みづほ工業株式会社

POINT

余裕ができたら、ホッとしたり、ワクワクする工夫も取り入れよう！

7 批判の前に「ありがとう」を伝えよう

すべての役割にリスペクトしよう

オフィス全体の片づけを行なう中で、結果を出すまでに時間がかかったり、モノを捨てることに抵抗を覚えたりなど、すべての人が心から納得していない場合も多いものです。

その抵抗感は、リーダーに向けられることがしばしばあります。環境整備は従業員全員の課題であるのに、リーダーは失敗を責め立てられたり、間違いを指摘され、「こうしたらいいのでは」と批判を受けたりします。

これでは、リーダーの心が折れて健全な活動ができません。まずは批判する前に、みんなを代表して課題に取り組んでくれることに**「ありがとう」と感謝を伝えることを指針に入れましょう**。この指針がある会社とない会社とでは、企業風土が大きく異なります。

また、逆のパターンも注意が必要です。環境整備のリーダーだからといって、「なぜ、決められた収納ができないのですか」などと、高圧的に相手を責めたりしないようにしましょう。

「いつも協力してくれて、ありがとう。おかげで環境整備の時間がつくれます」と、すべての役割をリスペクトする気持ちが大切です。

誰一人取り残さないためには想像力が必要

こうした気持ちが、誰もが働きやすい環境づくりにもつながっていきます。

たとえば、老眼の人にも見える大きさかを考えると、文字を可能な限り大きく表示しますよね。腰に持病を抱えている人がいれば、この動作は負担かどうかを考え、モノを持ち上げずに使えるように腰高の位置に配置するなど、リスクのある人の立場で考えられるようになります。

今、健康な人でも、いつ持病を抱えるかわかりません。1つの動作改善が、すべての働く人を対象とした改善につながります。誰もが働きやすい職場づくりとは、こういうことなのです。

長く活動を継続するために、まずはお互いの役割に感謝しよう

非難：間違いを指摘し、責め立てる

批判：間違いを指摘し、他の案を提案

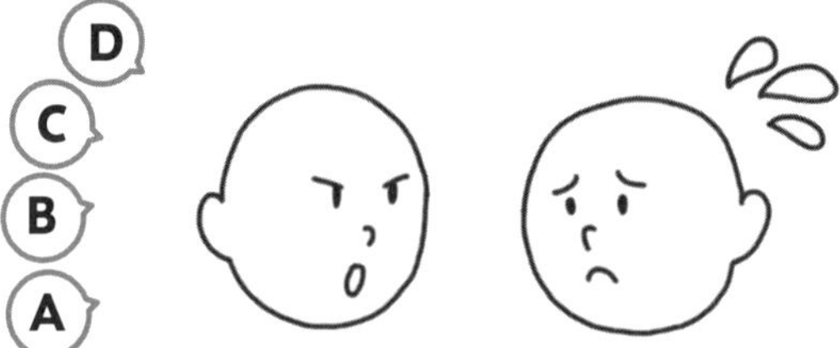

感謝：すべての役割に感謝とリスペクトを

みんなが一生懸命がんばってくれているおかげで、環境整備の時間がつくれます。ありがとう。検証後の感想や提案も参考にします！

日々、改善努力ありがとう。ここはとてもラクになった。さらに、こうしてみるのはどうでしょうか。

8 働くことを楽しもう

●心身ともに健全であることが大事

どんなに効率化して生産性を上げ、数値を追い求めても、働く人の精神と肉体が疲弊していては、長くは続きません。

たとえば炎天下での仕事中、肉体が疲弊していることに気づけば、一時でも身体的リスクを軽減できるようにイスを配置したり、水分を補給する時間を設けたりする工夫や、それを相談できる雰囲気が必要です。

また、1人の人だけに異常に業務が集中している状況であれば、業務配分の見直しも必要です。

こうした改善によって、水分補給するための動作や、話し合ったりする時間が増えますが、働きやすい環境づくりに必要な動作や時間はきちんと取り入れましょう。

●片づけは業務の見直しの絶好の機会

しかし、これらの改善を言い出しにくい職場や、見て見ぬふりをする職場では、せっかく長年かけて仕事を覚えても、健康と引き換えにできないからと辞めてしまう人も出てきてしまうでしょう。

誰かが倒れたり、心を壊してしまってから、初めて議論するのでは取り返しがつきません。心身の健全を大事にすることが大前提です。

自分の業務を客観的に見ることができるようになれば、自然と一緒に働く人の働き方も、安全かどうかを軸に見ることができるようになります。

業務効率化、生産性向上は安全があってこそ。「安全第一」とポスターを掲示しながら、時折忘れられるのが安全です。業務を見直す中で、ただ動作を減らすだけでなく、身体に負担のない動作に変えていくことが改善につながります。

安全は地道ですが、働きやすさに直結します。「たかが1つ、されど1つ」の業務や動作の見直しの先に得られる効果です。

モノの整理や配備だけでなく、心に抱える不安も取り除いて、働くことを楽しみましょう。

働くことを楽しめる環境をつくろう!

- 労災を未然に防ぐ環境
- 課題について提案・議論しやすい環境
- 誰一人取り残さない相手を思いやる環境

安全で安心があってこそ、
業務効率化や生産性につながる!

Column 7

新入社員の質問は、改善ヒントの宝！

オフィスの片づけをしていると、もうやることがないと感じ、活動が停滞することもあります。停滞する時期があってもいいと思います。そういう時期は、まずはよくがんばったと自分をほめてあげましょう。職場のみんなと一緒に、安全安心で働きやすい環境を常に考えてきたのですから。

1年以上、その会社で働けば、表示を見なくても感覚で何がどこにあるか、わかるようになります。業務の流れにも慣れて、入社当時より段取りもうまくできるようになります。

これ以上何ができるの？　そんなオフィスでは、**新人が入ってきたときが、新たな改善の課題に気づくチャンス**です。新人は、先入観を持たず、客観的にモノごとが見られるからです。

新人が質問してくるということは、聞かないとわからないことがあるということ。「○○はどこにありますか?」と聞かれれば、表示がないことに気づきます。最初は表示をつけることに必死だったのに、何か新しいモノを購入したとき、うっかりそのままにしてしまったのです。

また、作業内容について聞かれたら、「この作業が覚えるまで時間がかかるのか」ということがわかります。時間をかけて覚えなくても、誰もができるようになるには、**簡単なことでもマニュアルをつくる**のもひとつの手です。

マニュアルは文字だけでなく、イラストで作業工程を描けば、その通りにするだけで作業が進むので不安がなくなります。

特にたまにしかしない作業では、「あれ、どの手順ですればよかったのかな?」とメモを遡ってみなければなりません。それが、目の前に手順が描いてあれば、誰もが安心して作業できるようになります。

新人の入社は、モノの場所や作業工程など、何か改善ができないかを考えるきっかけになります。ぜひ、もっと効率的で働きやすい職場づくりのチャンスにしてください。

第8章

実践！
オフィスの片づけ事例

1 ムダな時間をお客様に使えるようになった（みづほ工業株式会社）

●探しモノというムダな時間をなくすために

総合建設会社のみづほ工業の梅谷基樹社長は、「最初、3S（整理・収納・清掃）と聞いて、整理・清掃が企業にとって大事なのはわかるが、収納が企業にとってはそんなに重要なことだとは全く考えていなかった」とおっしゃいます。

最初は半信半疑で私の研修を受けたそうなのですが、「整理も清掃も、収納ができてこそ。一番大事なのは収納だと気づいた」というご感想をいただきました。

みづほ工業さんでは、今まで気にもしていなかった倉庫が非効率的で、時間をムダに浪費している状態でした。探しモノにかかる時間が多く、お客様をお待たせしている可能性があることもわかりました。

そこで「**時間には限りがある、ムダな時間を大切な人のために使おう！**」というスローガンを掲げ、活動を開始。活動を続けていく中で、会社内での上下関係にとらわれることなく、若手社員からも活発な意見が出て、積極的に行動してくれるようになったそうです。

●他企業から見学が来るまでの成果が！

たとえば、モノの置く場所を決めて管理をする「定位置管理」を行なうことにより、必要書類やコピー用紙、文房具などが効率よく出し入れできるようになりました。同時に在庫管理もでき、何が不足していて、何が必要かも把握できるようになり、特に時間がかかっていた図面を探す作業時間は大幅に短縮できました。

社員の意識も少しずつ変わり、時間に余裕ができることで業務の効率化につながり、結果的にお客様に対する時間を今まで以上に確保できるようになったそうです。

さらに、いろんな企業や団体の方々が見学に来るようになり、社員も一層やる気になって活動してくれたことが3S活動に取り組んだ一番の成果だったと、梅谷社長は言います。現在も、常に改善しながら、3S活動に取り組んでいます。

ムダな時間を大切な人のために使う工夫

探す時間	
1日	5.8
1年間	1392
10年間	13917

活動で社員全員の探しモノの時間を数値化

2014年から形跡管理を始めた引き出し内は常にきれいで、作業効率化もUP

ムダな時間を解消しようと、社員や訪問者に喜んでもらえるように工夫したディスプレイや図書コーナー

たくさんの見学者が訪れ、社員のやる気が倍増したことが一番の活動の成果

2 トップダウンだった会社が変わった（村昭繊維興業株式会社）

働き方ではなく環境を変える

繊維メーカーの村昭繊維興業は、「日本品質」にこだわった糸の加工・販売を行なっています。

「『5S』については、なんとなく大切なことなんだろうとは思っていましたが、あまり知識はなく、きれいにしてそれを保つことだと思い込んでいました」と、市村昭都史専務は教えてくれました。

ものづくりの会社である以上、きれいな工場でなければいい品質ものがつくれないという思いもあり、とにかく掃除すること、それも上の立場の人間こそ率先垂範で行なうことで、みんなに波及していくことが大切と実践していたそうです。

そんなときに私の指導を受けた市村専務が教えてくれたのは、「家村さんと工場を回っていたときに、『もっとラクにするにはどうしたらいいか』『もっと働きやすい環境にするにはどうしたらいいか』と、現場のメンバーと話しているのを聞いて、ドキッとしました」ということ。なぜかというと、市村専務は、環境のせいにするより、その環境に自分が適応する、もしくはその環境の中でできることをすることが大事と考えていたからです。

でも、実際に5S活動を進めていく中で、いろんな工夫やアイデアが出て、実行するたびに環境が変わっていきました。また、そんなアイデアや工夫を誰が言ってもいい雰囲気に変わっていきました。

みんなで変えていく会社になった

その後、5S活動は紆余曲折がありながらも続けていく中で大きく変化していきました。5Sは会社の体質強化、つまり、**徹底したムダの排除によって問題点を見える化し、自律的に問題解決する体質づくり**ということを意識して取り組んでいます。

組織の運営には、女性のメンバーを役職につけて主体的に行なっています。もともとトップダウンだった会社が少しずつ、みんなが意見を出して、みんなで変えていく会社になっていると思います。

凡事徹底！　不必要なモノにつまずくことのない安全で働きやすい職場へ改善

引き出しにあった書類を出して、壁面で一目でわかるように管理

すべてに定位置と表示で効率化

工場内のデスクもすべて、毎日使うモノは出して見えるように。形跡管理や浮かして掃除しやすい工夫を実施

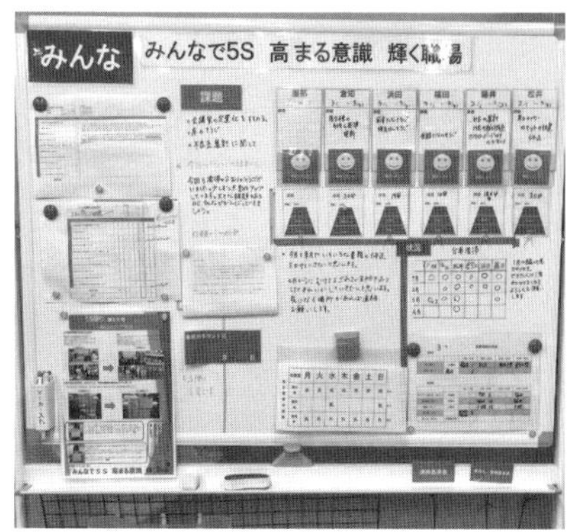

各現場でホワイトボードに課題や目標を書き出し、PDCAサイクルを繰り返す

3 従業員が自発的に取り組むようになった（金沢森林組合）

みんなで取り組んで得られた成果

森林の整備・管理などを行なう金沢森林組合が5S活動を始めたきっかけは、各事業所の課題として、みんなが口を揃えて言ったのが「片づけをするべきだ」という意見だったからだそうです。

そこで、職場の安全、作業の品質や生産性の向上・職場の雰囲気を改善して、組合全体が成長し続け、現役世代、次世代のために活動していくことを目的として、5S活動がスタートしました。

ある年末の大掃除の際には、「今までここまではやらなかったこと」を実践してみたそうです。

「大掃除はお祓いです。清めたデスクで運を高めましょう」と声かけをし、みんなで自分の机のモノを全部出し、いるモノといらないモノの仕分けをしました。そして、隅々まで雑巾で拭き、除菌をし、脚立にのぼってブラインドを1枚1枚磨き、壁の黒ずみを美しく拭き上げたそうです。

男女や上司部下も関係なく、みんなで取り組んで、**自分の会社がきれいになる達成感と爽快感**を共有できたと、総務課の三谷瞳さんが教えてくれました。

片づけを通じて実現した意識改革

今では、組合全体の取り組みとして波及し、講師による講習を受けたり、毎月の整理デーを実施する事業所まで出てきました。

さらに、従業員から自発的に「机の中を整理したい」という声があがり、机の中の形跡管理にも取り組み始め、定位置・定量化を実現。「机の引き出しがとても軽くなった」と喜んでいます。また、書類の整理をしたいと本社総務個人デスクで「バーチカルファイリング」を実践。誰でも秒で探せて取り出せるしくみをつくり、新人でもすぐにわかるよう見える化に成功しました。

いかに効率よくできるかをみんなで話し合うことで、人材育成と環境整備を通じた意識改革につながった成功例です。

必要なモノの定位置と表示で快適な職場へ

デスクのモノを全出し・整理、分類。４人で取りかかれば短時間で完成

片づけてもすぐにモノが散乱したように感じ、ストレスが溜まる状態

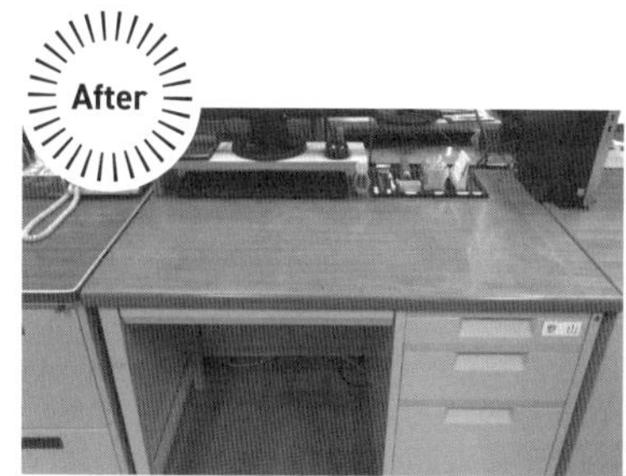

毎日使うモノは机上に形跡管理
引き出し内も必要なモノのみでスッキリ

倉庫の道具は床に散乱し、定位置がなく準備に時間のかかる状態

デスクだけでなく倉庫まで片づき、安全で、すぐに現場に出られるように

4 「これが私のやりたかったことだった」（株式会社環境管理センター）

●最初は否定的だったO部長

山形県で清掃業を営む、株式会社環境管理センター。創業から40年以上にわたり、初代社長を支えてこられたO部長（現在は定年退職）は、その存在がなければ会社の発展はなかったといえるほど大きな存在でした。

私が二代目社長である小林秀樹氏より環境改善のコンサルティングを相談されたとき、O部長は定年まで残りわずかというタイミングでした。これまで社長のトップダウンにいかにして従うかがすべてだった彼にとって、ボトムアップでチームの力を引き出すという私の考え方にはなかなか賛同できなかったようです。

社長からは非協力的で、半ば義務的に参加しているように見える彼でしたが、社長がこれまでの彼の働きに敬意を表し、彼の話を聴き、彼の心に寄り添いました。その中で社長が投げかけた「環境づくりで、人づくりをしてみませんか」という問いにO部長は何かを感じ取ったようです。

●環境づくりで人づくり

幾度か目のコンサルティング後、回収されたO部長のアンケートに、「これが私のやりたかったことだった。こういう会社にしたかったのだ」と記してありました。

これまでの彼の言動からは想像できないこの言葉に、社長はとても感動し、O部長にアンケートについて訪ねてみたところ、「定年を数年後に控え、自分の後継者の育成を考えており、これまで抱えてきた多くの仕事・役割を誰にどのように引き継ぐべきか、ずっと悩んでいた」と話してくれたそうです。その答えのひとつとして、この職場の環境づくりは単なる整理整頓や5Sとは違う活動なのだと彼は理解したのです。

この企業では**「環境づくりは人づくり」**というテーマを掲げ、新しいリーダーを選出し、そしてO部長は活動を全力でサポートしました。

O部長退職後、環境管理センターの環境改善活動は後輩に引き継がれ、5年目を迎えています。

ボトムアップで職場の整理・収納に成功!

Before

モノであふれるオフィス

After

見学できるほどきれいに

O部長の懸命な指導

整理・収納勉強会の様子。
ボトムアップはみんなの小さな声も大事

POINT

片づけの成果は生産性だけではない。
環境づくりは人を育てる。

5 世界観と効率性を共存させたアトリエづくり（株式会社WORDROBE）

● 現実と夢を共存させる難しさ

「印象美」という観念のもと、ものづくりをはじめとするプロデュースをしている小西敦子さん。法人化をきっかけに、オフィスの片づけに取り組みました。コロナ禍の真っ只中、小西さんは賃借オフィスを手放し、自宅の一角をリノベーションして、アトリエをつくることを決意。固定費削減という目的もありますが、これからの時代は「世界観の表現」の向こう側にこそ、固有の可能性が広がっていると感じたから、ということでした。

しかし、収納クローゼットのない20㎡の小さな空間には、すぐに厳しい課題が浮上しました。それは、デスクワークという現実的な作業をスムーズに機能させる一方で、接客やSNS用の撮影に必要な夢のある世界観を共存させる難しさです。

オーダーメイドドレスなどの高額商品を扱っていることもあり、アトリエはアンティーク家具を基調とした空間にしつらえましたが、その中で書類用の事務キャビネットだけが違和感をまとって孤立していました。

● 自分の意思と選択すべき行動を結びつける

そこで、キャビネットの書類や備品を見直し、使用頻度の高い、最小限必要なモノのみを、本棚やデスクの引き出しに収まるように厳選して、ワンアクションでたどり着けるように整理しました。

そうすることで、事務キャビネットはアトリエ外の押し入れに納めることができ、お気に入りのモノだけが目の前に広がり、季節の花を飾る定位置も決まり、独自の「印象美」を表現した世界観が実現しました。

SNS用の写真撮影するときも、不必要なモノをよけたりする必要がないので時短になり、クリエイティブな気分を阻害しないことも気に入っていると、小西さんはおっしゃいます。**自分の行動に意思や意図を持たせることとは、習慣的に「自己認知」を深める**ことにもつながります。生きたい人生をシンプルに送るために、とても大切な技術と思考です。

お気に入りのモノだけが見える効率的なアトリエ

“備品”ではなく“世界観を生み出すモノ”たち。
本当に必要なモノをきれいに出しっぱなし!

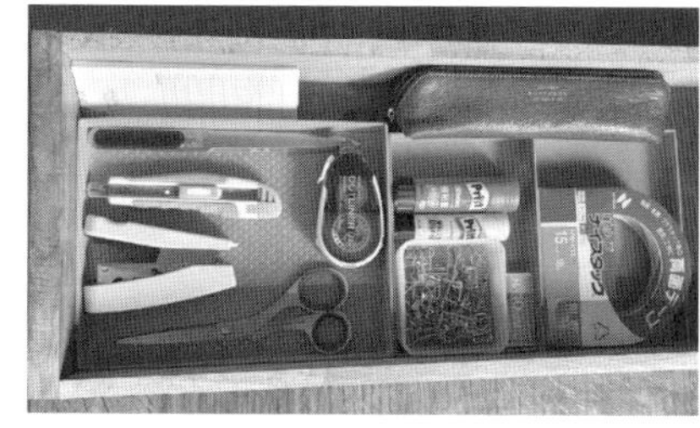

作業に必要な備品のみにして、ワンアクション。
引き出しを引けばすぐに使えるように待機

6 ファイリングも環境整備も人を大切にするため（株式会社オフィスミカサ）

環境整備は根本的な問題解決につながる

「『まずは働いている人たちが満たされていなければ、普段、最も大切に考えている自分たちのクライアントを真に大切にすることはできない』という家村さんの言葉が印象に残っています」

そう教えてくれたのは、ファイリングコンサルタントとして各社の書類やデータの改善に携わっているオフィスミカサの長野ゆかさんです。長野さんは元々、市役所の職員でした。市役所の職員の場合、常に頭にあるのが「住民のため」です。ところが、誠実に懸命に働くほどに、人や組織が疲弊していくと、長野さんは言います。

職員の心身が疲弊した状態では、本来、最重要である「住民のため」が叶いません。幼稚園や学校の先生は、自分たちの働く環境の悪さは子どもたちに影響するといいますが、それは製造業もサービス業も同じです。

環境整備が提案する「今見えている明らかな課題を後回しにする組織では、結局何も変えられない。だから、目の前にある1つのできる改善から取り組む」というのは、1つ動かせば1つ必ず結果が出る確実な改善手法だと、長野さんはおっしゃいます。

あらゆる人を大切にするための環境整備

毎日ともに働くメンバーの安全や効率を想像し、改善を図る組織の状態であることは理想的です。

長野さんが指導している「文書管理・ファイリングシステム」の導入がスムーズに進む企業や部署には共通点があるそうです。

それは、各部署・各担当者が自分のためだけでなく、ともに働くメンバーや次の担当者、組織全体、そして、その先にいるクライアントへ思いを馳せ、そこに働きがいや、やりがいを持ち取り組んでいること。

こうした経験から、長野さんは「あらゆる人を大切にするための環境整備である」という視点が、各社の環境整備成功の秘訣だと考えています。

環境から働きやすさを整えていくと、誰でも成果がわかりやすい

必要な書類（情報）が、どこにあるかわからず、すぐに取り出せない状態

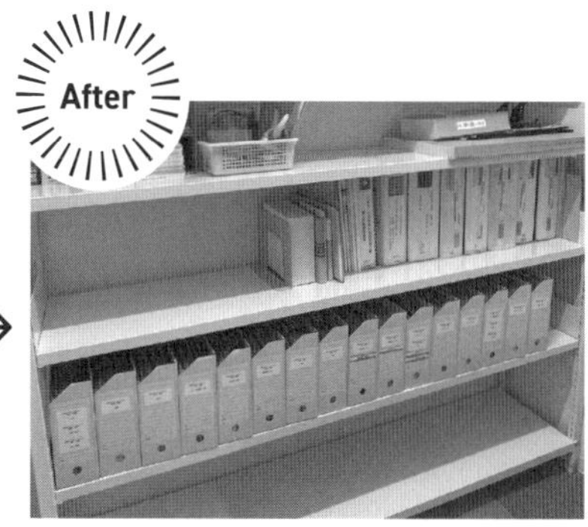

必要な書類（情報）が、業務順に揃い、ほしいときに誰でもすぐ取り出せる状態

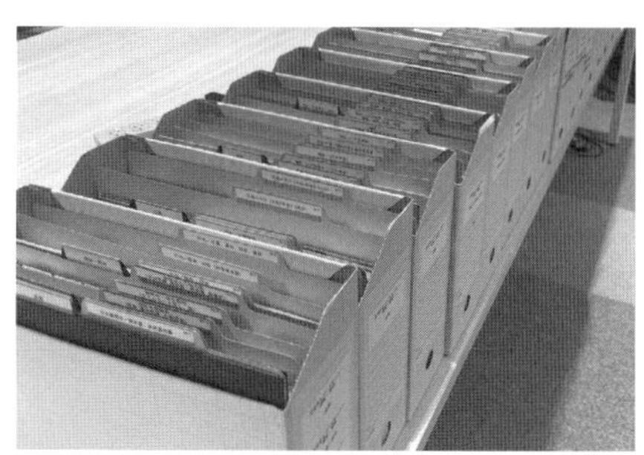

※参照：『実践！オフィスの効率化ファイリング』長野ゆか著（同文舘出版）

POINT

- 個別フォルダ（Column5参照）はパンチで穴をあけ、綴じる必要がない＝出し入れのアクション数が少なく、出しやすく戻しやすい
- 穴をあけて綴じると1冊のファイルの中で時系列順になりがち。個別フォルダなら、今の業務の状況に合わせて並べ替え（分類・配列）しやすい

7 一生懸命モノと向き合った3年間（学校法人済美幼稚園）

散らかっていることにすら気づかなかった

済美幼稚園は、職員全員で職場整理収納アドバイザーの講座を受けたのがきっかけで、環境整備に取り組み始めました。幼稚園は、子どもの教材や消耗品はもちろん、年間を通して多数ある行事に備えた備品や衣装、駐車場整備用……と、一般の会社よりもたくさんのモノに囲まれています。

中でも悩んでいたのが、事務所でした。当時の事務所は廊下にパイプいすが数台、壁を占領していて、床には教材や行事が終わってまだ片づけきれていないモノが散乱していました。ところが、その環境が当たり前になってしまい、中にいる人は自分たちがたくさんのモノに囲まれて仕事をしていることにすら気づいていない状態でした。「いつもと同じ光景なので、困っていないと思っていた」と教えてくれたのは、事務の濱島友里さんです。

周りの目を気にして疲弊していた1年目

最初の一歩はモノを捨てることでした。濱島さんが一つひとつ、いるかいらないかを判断し、いらないモノはまとめて置いて、作業が終わった段階で、園長に最終確認をしてもらっていました。

2時間の作業でも、捨てるモノがたくさん出るわけではなく、出したモノを考えてまた戻すということも何度もあり、なかなか前に進んでいないことに濱島さんは焦りを感じることもあったそうです。

私が濱島さんにアドバイスしたのは、「なぜ、この作業をしているか」ということ。出したり戻したりするのは決してムダな時間ではなく、Aパターンを試して、ダメならBパターン、それもダメならCパターン……と、**いろいろと試したから、最善の結論を出せる**のです。

私が環境整備を月に2回ペースでお手伝いするようになってから、約3年がたちました。最初の1年で取り組めたのは、事務所のモノと書類のファイリングのみでした。濱島さんは、「いつまで事務所の片づけをやっているんだ？　という、周りの先生方の疑問の目が当時の私には苦痛でした」と、正直に打ち明けてくれました。事務の濱島さんは、子どもたちを保育している現場の先生たちよりも、日中、環境整備に時間をさけることもあり環境整備担当に立候補したのですが、当時は周りからの目をとても気にしていたそうです。

事務局長が疲弊する濱島さんを見兼ねて、フォローしてくれたこともあったようです。

3年間モノに向き合ってきたから叶った

2年目からやっと、ずっと取り組みたかった保育室の現場に入ることができました。濱島さんは、「本番はここから！」と思ったそうです。

当初の目標は、**子どもたち、先生たち、済美幼稚園にいるすべての人の安全安心を整えていくこと**でした。

子どもたちの安全安心が保てれば、保護者も安心して幼稚園へ通わせてくれるはずです。環境が整えば、子どもたちは本来の活動に専念でき、先生は子どもたちのために時間をたっぷりと使うことができます。

また、先生のモノが整っていれば、子どもたちのモノにも目を向けることができます。子どもたちのモノが整備されていれば、先生に聞くことなく、写真や図を見て、自分で片づけたり、モノを取り出したりすることができるようになります。

実際、保育室の片づけは、使いづらい鉛筆削り、割れたゴミ箱、先生のかばんは床置き、たくさんの掲示物が貼られ、黒く汚れたホワイトボード、ドリルやプリント、私物が山積みの先生の机の上など、課題がたくさんありましたが、まずは小さなところから取り組んだそうです。

割れたゴミ箱を白色のゴミ箱に替えるところから始め、先生たちからヒアリングをしながら、何をなくして、何を使ってお困りごとを解決していくかを決め、実行しました。そうして環境整備を終えた部屋は広く、子どもたちが動きやすい部屋へと変わりました。

一生懸命にモノと向き合っていれば、周りの人たちも自然と感化されていきます。濱島さんの取り組みは、その成功例と言っていいですね。今も、環境整備をコツコツと続けているそうです。

フリーアドレス化で、バラバラに私物化された備品も1カ所管理

Before

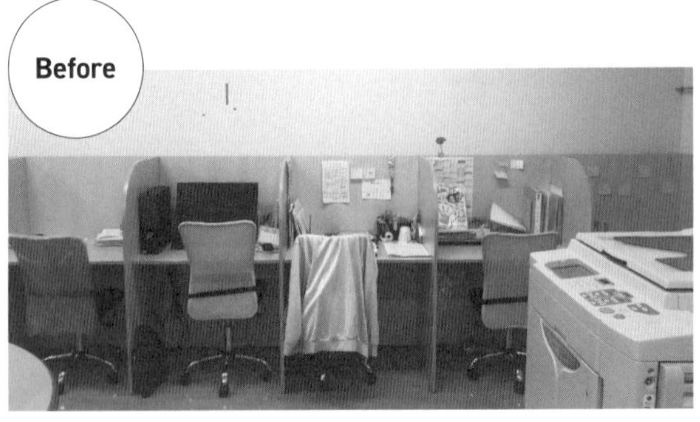

①コミュニケーションが取れない机の向き
②情報は個々のデスクに貼られ、共有できない
③備品の私物化で、足りなくて購入し、経費のムダが発生
④備品の場所もバラバラで見つけにくい

After

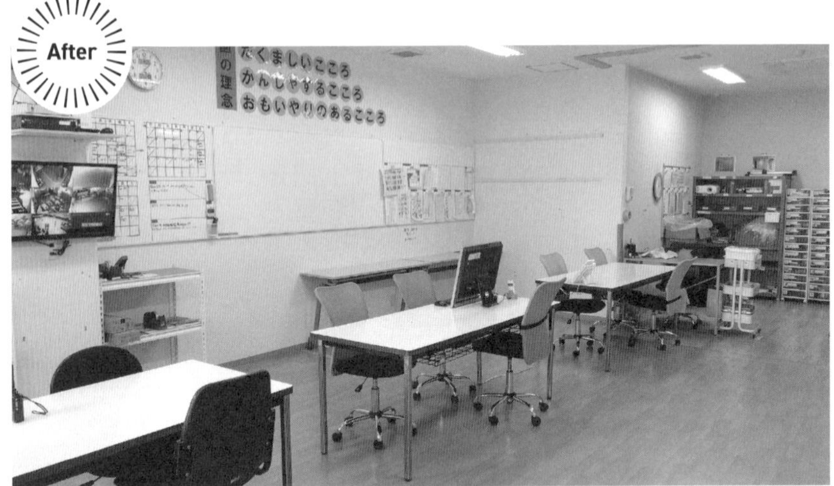

①コミュニケーションが取れるデスク配置
②ホワイトボードにすべての情報が集約、全体の業務が把握できる

④右奥に備品を1カ所管理。ここに来れば、誰もがほしい備品にたどり着ける

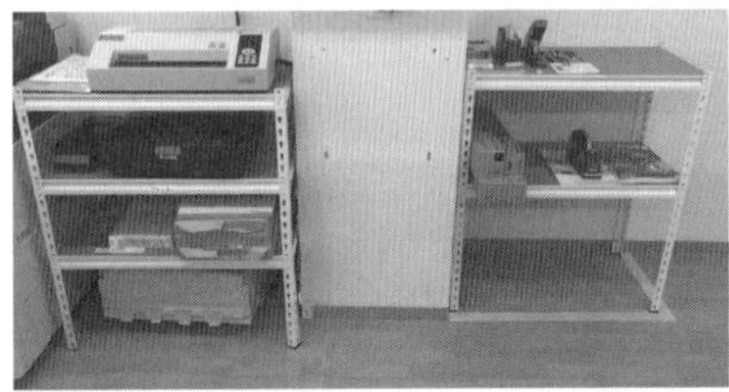

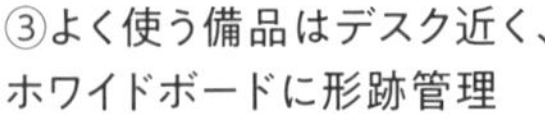
③よく使う備品はデスク近く、ホワイドボードに形跡管理

おわりに

この本を手に取っていただき、また最後までお読みいただき、ありがとうございます。

本書では、モノを徹底的に片づけて働きやすい環境を手に入れるために、「毎日使うモノは、きれいに出しっぱなしを目指そう」ということで、日々の業務効率化を図るための場所別の整理や収納法までをお伝えしました。

特に「形跡管理」という方法は、知ってはいても実際に試したことのない人も多いのではないでしょうか。

私は、大阪にある枚岡合金工具さんの研修で実践を学び、ムダな時間がどれくらい短縮できるのか、作業効率アップの効果を身をもって体感しました。

大事なのは「まずは自分が試してみること」。その先に、自分の職場へのアイデアが生まれます。色や収納用品を工夫することで、工場だけでなく、お客様が出入りするオフィスやホテル、店舗などさまざまな場所で展開でき、アイデアが湧き、片づけの次の扉が開いていきます。

また、枚岡合金工具さんの見学会では、若手社員が楽しそうに自社の取り組みを紹介していました。環境整備をとても誇りに思っているのが伝わり、心を動かされました。自分がこの先アドバイスするクライアント先に見学者が来て、同じように誇りを持って伝えられるようなサポートがしたいと、私の活動目標が決まりました。

事務所に戻ってから、まずは毎日使うモノを見極め、形跡管理を試すことから始めました。

今は、実際にクライアント先で、その目標が叶っています。

本書でお伝えした内容の1つでもやってみたいと思った個所があれば、まずはそこだけ試してみるのもひとつです。試せば次の課題がどんどん見えてきて、働きやすい環境へと導いてくれます。

そして、それを見ていた誰かがやってみたくなったり、自分が試したことで伝えやすくなったりと好循環につなげていくことができます。

また、本書でお伝えしたかったこととして、職場での片づけの目的は、いかに皆さんが働きやすい環境に身を置き、安全安心、効率化を手に入れるか、ということです。

他の人や会社と、収納のきれいさや方法を競うことではありません。そして、何か新しい収納用品や方法が出るたびに変えていかなければならないということでもありません。

そこで働く人が扱いやすく、安全安心で効率的であればそれがベストなのです。

片づけで一番大切なこと

また、片づけで大事なのは、今の自分、将来の自分、周りで働く人を思いやる気持ちです。それが何より成功につながります。

そして、実践の中でわからないことがあれば、何度でも「聴く努力」「伝える努力」をし、どの立場や役割にもリスペクトの気持ちを持って感謝の想いも伝えてください。

継続することで進化が起き、少しでも働きやすく、また働くことを楽しめますように心から願います。

この本が、今行動を起こしたい方にとって、少しでもお役に立ちますように。

最後に、これまで私にさまざまな片づけの方法を教えてくださった皆様に感謝します。事例紹介をお許しいただいた、オフィスミカサ様、金沢森林組合様、環境管理センター様、済美幼稚園様、ハウスキーピング協会様、みづほ工業様、村昭繊維興業様、WORDROBE様（五十音順）には、心より感謝申し上げます。

また、著者と読者の1対1の対話だと思ってわかりやすく書くことを大切に、と最後まで寄り添ってくださった同文舘出版の戸井田歩様、文字では理解しにくい表現をわかりやすく図やイラストに表現してくださったデザイナーの三枝未央様、イラストレーターのひえじまゆりこ様をはじめとする関係者の皆様にも感謝申し上げます。

職場整理収納アドバイザー　家村かおり

【参考文献】

『儲けとツキを呼ぶ「ゴミゼロ化」工場の秘密』古芝保治 著（日本実業出版社）
『基礎から学ぶトータル・ファイリングシステム「ファイリングデザイナー２級テキスト」』（一般社団法人日本経営協会）
『実践！ オフィスの効率化ファイリング』長野ゆか 著（同文舘出版）
『実践！ はじめてのホームファイリング――「おうち書類の片づけかた』長野ゆか 著（同文舘出版）
『整理収納アドバイザー公式テキスト 一番わかりやすい整理入門』澤一良 著、一般社団法人ハウスキーピング協会 監修（ハウジングエージェンシー）
『職場整理収納アドバイザー基礎講座公式テキスト』（特定非営利活動法人ハウスキーピング協会）

著者略歴

家村かおり（いえむら かおり）

職場整理収納アドバイザー、「整えリッチ」主宰
アパレル、スポーツクラブでの販売接客業経験11年。お客様や社内での迅速な対応は環境整備が必須と実感。退職後、2010年より整理収納アドバイザーとして活動を始め、2015年「3Sコンサルティング活動」でいしかわエコデザイン賞・パブリシティ賞受賞、2016年整理収納コンペティションでグランプリ獲得。2017年整理収納アドバイザー資格講座の職場版、「職場整理収納アドバイザー基礎講座」を企画構成。小規模事業所を中心に、モノ・書類・コトの片づけ研修、コンサルティング等を実施。みづほ工業株式会社4年、学校法人済美幼稚園4年、村昭繊維興業株式会社2年など長期的なコンサルティング経験から得た、モノと心を整えることを土台にした働きやすさにつなげるアドバイスをしている。

■HP　https://www.shokubaseiri.com
■LINE公式アカウント
https://liff.line.me/1645278921-kWRPP32q/?accountId=747jlrag
ぜひ、ご感想をお聞かせください。

秒で探せる・戻せる
実践！ オフィスの片づけ

2023年10月 3 日　初版発行
2023年10月30日　2刷発行

著　者 —— 家村かおり

発行者 —— 中島豊彦

発行所 —— 同文舘出版株式会社

東京都千代田区神田神保町1-41　〒101-0051
電話　営業03（3294）1801　編集03（3294）1802
振替00100-8-42935
https://www.dobunkan.co.jp/

ISBN978-4-495-54144-6
印刷／製本：三美印刷
Printed in Japan 2023